KB274716

미래의 마케팅 키워드

퓨전

연세대학교 기술경영학 협동과정
창조경영 연구팀 지음

위즈덤하우스

미래의 마케팅 키워드

퓨전

초판 1쇄 인쇄 2007년 7월 2일   초판 1쇄 발행 2007년 7월 10일

지은이 연세대학교 기술경영학 협동과정 창조경영 연구팀 **펴낸이** 김태영

기획_ 윤미정

기획편집 2분사_책임편집 이수희
1팀_고정란 김은정 최유연   **2팀_**정소연 강정애 이수희   **디자인팀_**김미영 이성희

상무 신화섭   **COO** 신민식   **콘텐츠사업** 노진선미 이유정 이화진
홍보마케팅분사 부분사장_정덕식   **영업관리** 이재희 김은실 **마케팅** 권대관 송재광 곽철식 박신용 김형준 이귀애
인터넷사업 정은선 왕인정 김미애 전경아   **홍보** 김현종 허형식 임태순   **광고** 김정민 이세윤 허윤경 김혜선
본사 본사장_하인숙   **경영혁신** 김도환 김성자   **재무** 고은미 봉소아 최준용
HR기획 송진혁 양세진   **제작** 이재승 송현주

펴낸곳 (주)위즈덤하우스   **출판등록** 2000년 5월 23일 제13-1071호
주소 서울시 마포구 도화 1동 22번지 창강빌딩 15층   **전화** 704-3861   **팩스** 704-3891
홈페이지 www.wisdomhouse.co.kr
출력 엔터   **종이** 신승지류   **인쇄** (주)미광원색사   **제본** 세원제책사

© 연세대학교 기술경영학 협동과정 창조경영 연구팀, 2007 ISBN 978-89-6086-034-6 03320

* 책 값은 뒤표지에 있습니다.
* 잘못된 책은 바꿔드립니다.
* 이 책의 전부 또는 일부 내용을 재사용하려면 반드시 사전에
  저작권자와 (주)위즈덤하우스 양측의 서면에 의한 동의를 받아야 합니다.
* 이 도서의 국립중앙도서관 출판시도서목록(CIP)은 e-CIP 홈페이지(http://www.nl.go.kr/cip.php)에서
  이용하실 수 있습니다.(CIP 제어번호 : CIP2007001921)

우리는 똑같은 강물 속에 두 번 들어갈 수 없다.
왜냐하면 다른 강물들이 계속 흘러들기 때문이다.

— 헤라클레이토스

디지털 융합의 시대를 읽는다

지금은 융합(Fusion)의 시대이다. 하나의 분야를 깊이 탐구하여 단일한 가치를 추구하던 예전과 달리 21세기는 다양한 분야가 만나 상호 교류·소통하면서 빠른 속도로 새로운 가치를 창출하고 있다. 과학기술뿐 아니라 경영, 문화, 예술 등 모든 분야에 융합 열풍이 불고 있다고 해도 과언이 아니다.

사실 융합은 새삼스럽게 '열풍'이라고 표현하기도 무색할 만큼 현대인의 삶 곳곳에 침투해 있다. 양자택일이라는 흑백 논리에서 과감하게 벗어나 서로의 장점만을 취해 시너지를 도모하는 융합의 논리가 일상에 녹아들기 시작한 것이다. 전통과 첨단의 조화, 과학과 예술의 접목, 동양과 서양의 정신, BT와 IT를 결합한 바이오 인포메틱스(Bioinformatics) 등 퓨전 현상은 이미 시대를 대표하는 키워드로 자리 잡았다.

이러한 때에 융합시대의 트렌드를 명확하게 짚어내며 구체적인 방향과 실천 방법을 제시한 《미래의 마케팅 키워드 퓨전》의 출간은 매우 시의적절하다. 시장 경제를 이끌어가는 기업들의 퓨전 경영 실태를 면밀하게 관찰, 분석하고 성공 전략을 도출해 낸 연구 결과는 많은 시사점을 던져주고 있다. 무조건적인 혼합이 아니라 뚜렷한 목표와 소비자의 요구를 의식한 상태에서 이루어지는 창의적이면서도 조화된 융합만이 우리의 지향점이자 가치창출의 가도(街道)임을 이 책은 명쾌하게 제시해주고 있다.

빠르게 변화하는 세상의 소용돌이 속에서 기회는 찰나의 순간일 수 있다. 이 책에서 제시하는 성공적인 퓨전의 7가지 키워드를 전략적으로 활용한다면 비단 기업뿐 아니라 이 사회가 미래로 가는 다리를 확보하는 좋은 기회가 될 것이라 생각하며 일독(一讀)을 권한다.

2007년 6월

부총리 겸 과학기술부장관 김우식

이 책을 위한 기본 연구는 연세대학교 경영전문대학원 BK21 사업단 지원으로 이루어졌다.

어제의 발명품이 오늘의 골동품이다

우리는 문명의 이기(利器)가 가져다준 혜택에 대한 감흥을 느낄 여유도 없이, 새로운 이기에 환호하곤 한다. 그만큼 모든 것이 빠르게 변화하고, 빠르게 생겨나고, 빠르게 묻혀버리는 세상이다. 특히 IT에 기반을 둔 디지털 산업이 그러하다. 새롭고 대단한 것이 나왔다며 언론과 광고 매체에서 요란법석을 떨다가도 1년 혹은 몇 달도 채 지나지 않아 언제 그랬냐는 듯 사장되고 마는 경우가 부지기수이다. 디지털 신제품들은 적은 비용으로 짧은 기간, 소수의 인력을 투입하여 얻어지는 것도 아니다. 중소기업이나 벤처기업의 경우에는 말 그대로 올인(All-in)하여 하나의 제품에 기업의 사활을 거는 경우도 있다.

얼마 전 체결된 한미 자유무역협정(FTA)은 우리의 기업들에게 시장을 주도하지 못하면 결코 살아남지 못한다는 지극히 단순한 해답을 안겨주었다. 그러나 바로 여기에 기업들의 고민이 있다. 시장을 주도하려면 제대로 된 상품을 만들어야 하는데, 요즘은 소비자들의 욕구가 너무나 다양하여 무엇을 선택해야 최선인지 갈피를 잡을 수 없다는 것이다. 그러나 우리는 이러한 상황일수록 더 적극적으로 새로운 장르의 상품을 창조해나가야 한다. 그렇다면 과연 어떤 장르의 상품에 초점을 맞추어야 할까? 해답은 바로 디지털 융합상품에 있다.

디지털 융합상품은, 과거에 별도로 존재하던 디지털 분야의 기능이나 기술, 콘텐츠 그리고 네트워크를 맛깔스럽게 합친 상품으로, 방향성을 잃고 고민에 빠진 기업들에게 새로운 기회가 되고 있다. 최근 우리나라 유수의 전자업체들과 통신업체들이 힘을 합해 인터넷을 이용하여 방송 및 기타 콘텐츠를 TV 수상기로 제공하는, 소위 IPTV 사업에 열을 올리고 있다. IPTV는 기존에 철저하게 분리됐던 방송과 통신이 합쳐진 대표적인 디지털 융합 상품이다.

정부에서도 디지털 융합상품에 대한 중요성을 인식하고 막대한 지원을 약속하고 있다. 2007년 상반기에는 기존의 방송위원회와 통신위원회를 통합한 정부 조직이 설립됐고, 융합상품 개발을 목표로 한 기반기술을 확보하기 위해서 융합기술 연구센터와 같은 대대적인 연구개발 사업을 진행하고 있다. 정부가 시스템과 자본을 준비한 셈이다.

소비자의 관심 또한 대단하다. 휴대폰만 해도 이제는 음성전화만 되는 제품을 찾기 힘들어졌다. 대부분이 카메라 기능은 기본이고 MP3 플레이어와 TV를 시청할 수 있는 기능도 갖췄다. 소비자들은 통화와 문자 전송이라는 단순한 기능에 만족하지 못하며, 새로운 기능에 대한 아이디어를 자발적으로 내놓기 시작했다.

소비자와 기업 그리고 정부가 모두 디지털 융합상품에 높은 기대를 거는 가운데 융합의 원칙을 효과적으로 활용한 디지털 명품들이 속속출시되고 있다. 예를 들어, LG전자의 엑스캔버스 타임머신 TV는 컴퓨터의 하드디스크와 디지털 TV를 결합하여 '엑스캔버스하다' 라는 신조어를 만들어낼 만큼 성공을 거두었다. 삼성전자는 블루투스라는 정보통신 기술을 휴대폰에 융합시킨 블루블랙폰으로 전 세계 시장에서 애니콜의 브랜드 가치를 올리고 공전의 히트를 쳤다. 해외의 경우에도 동영상과 인터넷을 접목한 '유튜브(YouTube)'라는 회사는 설립한 지 2년이 채 안 되는 기간에 1조 5,000억 원이라는 천문학적인 가치로 성장했다.

그러나 수많은 디지털 융합상품이 시장에 출시되고 있다 해도 그중에서 명품 반열에 끼는 것은 애석하게도 극소수에 불과하다. 우리 주위에는 복잡하고 비싸기만 했지 별 쓸모 없는 융합상품들이 넘쳐나고 있는 것 또한 사실이다. 소비자가 원하는 수준보다 많은 기능이 부가되면, 한 가지 강점을 전문화한 경우보다 불편을 준다. 예를 들어 세이코엡손이 개발한 TV는 프린터 기능이 장착되어 있었으나 굳이 TV를 시청하며 프린트를 하고자 하는 고객의 요구가 많지 않아 실패하고 말았다. 또한 NTT도코모는 손목시계형 휴대폰 '리스토모'를 출시하였으나 통화를 하기 위해서는 버튼을 누른 뒤 일일이 시계를 풀고 펼쳐야 하는 불편 때문에 인기를 끌지 못했다. 뿐만 아니라 PDA폰은 대부분 애물단지로 전락했고 한창 인터넷 TV를 만들던 회사들도 대부분 망하고 말았다.

그렇다면 과연 어떻게 해야 디지털 명품의 반열에 오를 융합상품을 만들 수 있을까? 어떻게 해야 융합상품이 애물단지가 아닌 보물단지로 환영받을 수 있을까?

이 책에서는 그 비결을 '창조적 융합(FUSSION)'에서 찾고자 한다. 창조적 융합이란 수렴(convergence)과 분산(divergence)이라는 두 개의 상충되는 행위를 창조적으로 섞는 것이다. 음성통화 기능에 MP3 기능을 덧붙이면 수렴이다. 방송 서비스에 통신 기능을 첨가하면 수렴이다. 반대로 휴대폰에서 쓸데없는 적외선 통신 기능을 빼면 분산이다. 컴퓨터에서 사용하지 않는 플로피디스크 장치를 빼는 것 역시 분산이다.

창조적 융합은 이전에 각기 별개였던 기기나 네트워크 그리고 콘텐츠와 기능을 통합해 새로운 상품과 서비스를 창조하고, 그 창조된 상품과 서비스에 집중해서 다른 불필요한 기능이나 콘텐츠는 과감하게 삭제해나가는 행위이다. 즉 수렴과 분산을 동시에 해나가는 게 창조적 융합이다. 그렇다면 창조적 융합을 하기 위해서는 구체적으로 어떤 전략에 따라 어떤 조치를 취해야 할까?

이 질문에 답하기 위해서 우리는 성공적인 디지털 융합상품 사례를 연구하고 분석했다. 우리가 발굴한 디지털 융합상품 성공 사례에서 7가지 핵심 키워드를 발견했는데, 그것은 바로 유연성(Flexibility), 차별성(Uniqueness), 스타일(Style), 시너지(Synergy), 혁신성(Innovation), 독창적 콘셉트(Originality), 네트워크(Network)이다. 이 7가지 키워드의 첫 글자만 따서 조합하면 FUSSION, 곧 '창조적 융합'이라는 단어가 되는 것은 우연의 일치일까?

창조적 융합이라고 해서 지금껏 상상조차 하지 못한 새로운 것을 만들어내자는 것은 아니다. 이미 보유하고 있던 기술, 자원, 시스템으로도 새로운 아이디어나 기존과는 다른 방식의 창조적 융합을 만들어낼 수 있다. 이 책에 기술된 7가지 키워드와 이를 위한 기획, 조직, 마케

팅, 디자인 그리고 엔지니어링 전략은 창조적 융합의 성공 비결을 궁금
해하던 기업과 일반 독자들에게 명쾌한 해답을 선사할 것이다.

연세대학교 기술경영학 협동과정 창조경영 연구팀

대표 저자 김진우

FUSSION

우리를 둘러싼
첨단 융합상품

단순한 집합에서
창조적 융합으로

시장에는 수렴과 분산이 공존한다

맛집으로 유명한 청담동이나 삼청동에 가보면 하루가 다르게 새로운 퓨전 음식점들이 생겨난다. 과거에는 음식점을 고를 때 한식, 양식, 중식, 일식 그리고 분식까지 나름대로 명확한 구분이 있었다. 간판만 봐도 어떤 메뉴가 있을지, 그 식당에 가면 어떤 반찬이 상에 오르는지 대충 감이 잡혔다.

그런데 최근 한 퓨전 음식점에 갔다가 무척 당황한 기억이 있다. 지방에서 올라온 친구들과 만나 모처럼 새로운 음식을 먹어보자는 뜻에서 유명하다는 그 식당에 들어섰다. 음식점 밖에서 번호표를 받고 한 시간을 기다린 끝에 겨우 자리를 잡은 우리는 메뉴판을 뚫어지게 쳐다볼 뿐 누구도 선뜻 입을 떼지 못했다. 메뉴판에 씌어 있는 음식 이름만 보고는 도무지 무슨 재료로 어떻게 만든 음식인지 짐작조차 할 수 없었기 때문이다. 고향 친구들을 초대한 터라 어쩔 수 없이 내가 나서서 음식을 주문했다.

그런데 이게 웬일인가! 나오는 음식들마다 한국식 양념으로 볶은 면 요리만 나오는 것이 아닌가. 수수께끼 같은 음식 이름 덕분에 친구들은 양에 차지도 않을 볶음면 요리만 먹고 고속철도(KTX)를 타고 돌아갔다. 그 뒤로도 친구들은 그때 무엇을 먹었는지 하나도 기억나지 않지만, 많은 인파가 몰리는 독특한 식당에서 서울 구경을 충분히 했다며 나를 안심시켰다.

비단 퓨전 음식점뿐인가. 어울리지 않을 듯하면서도 잘 어우러지는 융합문화는 어제 오늘만의 현상이 아니다. 오래전부터 KBS에서 진행하는 〈열린 음악회〉는 성악과 팝 그리고 트로트를 포함해 다양한 음악 장르를 모아 하나의 무대에서 선사한다. 프로그램이 처음 선보일 당시만 해도 '다양한 음악을 열린 공간에서 열린 마음으로 보여준다' 라는 콘셉트가 무척 파격적이었다. 하지만 어엿한 장수 프로그램으로 시청자들의 꾸준한 사랑을 받고 있는 지금은 우리 생활의 익숙한 일부가 되었다.

이제는 여러 장르의 음악을 다채롭게 보여준다는 의미에서 한층 더 발전하여 창조적으로 융합한 새로운 형태의 장르도 생겨났다. 단순한 집합이 아니라 새로운 창조가 이루어진 것이다. 예를 들자면 '비언어극 뮤지컬' 이라는 새 장르를 만든 〈비보이를 사랑한 발레리나〉가 그것이다. 이 작품은 비보잉(B-Boying)과 발레가 매개체가 된 무언극으로, 프리마돈나를 꿈꾸던 발레리나가 비보이를 사랑하게 되면서 거리문화와 춤에 동화되는 과정을 그리고 있다.

즉, 다른 것을 함께 보여주는 것에서 한 걸음 더 나아가 서로 다른 것들을 창조적으로 융합한 문화가 우리 주위에서 각광을 받게 됐다.

이런 창조적 융합 현상은 문화를 넘어서 정보통신 상품에도 파급되고 있다. 필자는 전자제품을 살 때면 항상 용산 전자상가를 이용한다. 사려는 제품이 있는 층만 훑어보아도 시장의 흐름을 한눈에 읽을 수 있기 때문이다. 휴대폰만 보더라도 카메라폰, MP3폰, DMB폰 등이 쏟아져나와 일주일이 멀다 하고 유행이 바뀐다. 아마 전화만 잘되는 휴대폰만 찾다가는 종업원에게 용산 전자상가가 아니라 용산 국립중앙박물관으로 가라는 핀잔을 들어야 할지도 모르는 세상이다. 지하철만 타도 얼굴에 휴대폰을 들이대고 뚫어지게 바라보면서 동영상에 몰두하는 사람들을 쉽게 볼 수 있다. 이제 휴대폰은 더 이상 음성통화만을 위한 기기가 아니라 만능 융합상품으로 자리 잡았다.

그러나 반드시 융합된 것만이 소비자들의 환영을 받는 것은 아니다. 퓨전 음식점이 각광을 받음과 동시에 한 가지 메뉴만 잘하는 전문 음식점 또한 인기를 끈다. 서울 중구 을지로 3가에는 '하동관'이라는 유명한 곰탕집이 있다. 메뉴라고 해봐야 곰탕과 깍두기뿐이다. 그런데도 식사 때가 되면 줄을 길게 서서 들어가야 하고, 기다리는 사람들에게 눈치가 보여서 게눈 감추듯 먹어 치우고 나와야 할 정도로 인기가 많다. 심지어 오후 늦게 가면 그날 끓인 곰탕이 다 떨어졌다고 문전박대를 당하기도 한다. 이 같은 음식점들의 역사는 최근 생겨나는 화려한 퓨전 음식점들에 비할 바가 아니다.

비단 옹고집으로 맛을 지켜온 한식집만 그런 것은 아니다. 서울 성북동에 '구보다 스시'라는 카이세키 요리 전문 일식당이 있다. 메뉴는 달랑 보통식과 특정식 2개, 공간은 고작 테이블 3개, 총 좌석 12개에 불과한 초미니 식당이지만 인기는 하늘을 찌른다. 그러다 보니 예약이 필수인 '똥배짱 음식점'이다.

이처럼 한 가지 음식만 잘하는 전문 음식점도 퓨전 음식점만큼이나 성황을 누린다. 융합상품의 예에서 보듯 여러 가지를 합치는 수렴(convergence)이라는 키워드가 중요성을 더해가는 한편, 분산(divergence)해서 하나만이라도 잘하자는 움직임도 무시할 수 없다는 증거이다.

시장에는 수렴과 분산이 공존한다. 일시적 유행은 있지만 어느 한쪽 손만 들어주지 않는다. 또한 어느 한쪽의 코드를 충실히 맞췄다고 해서 반드시 성공이 보장되는 것도 아니다. 그 예로 여기 새로운 융합상품으로 시장을 개척하려고 했지만 실패한 사례가 있다.

〈사진 1-1〉의 제품은 2004년, 국내 제1의 휴대폰 회사에서 의욕적으로 만든 PDA폰이다. 이 제품은 일반폰과 달리 운영체계(OS)를 탑재하고 있어 통화기능은 물론이고 개인 일정 관리, 동영상 및 MP3 재생 기능도 갖추었으며 사진을 찍거나 문서도 볼 수 있는 만능기기이다. 그런데 안타깝게도 시장에서 외면당하고 만 비운의 제품이다.

실패의 원인에는 여러 가지가 있겠지만 차근차근 살펴보자면

〈사진 1-1〉 실패한 융합상품의
대표적인 사례인 MITS M400

첫째, 휴대폰인데도 전화를 걸고 받기가 힘들다는 데 가장 큰 문제가 있다. 휴대폰이 점차 소형경량화되어가는 추세인데, 이 제품은 조금 과장해서 말하면 벽돌 한 장 정도 크기이다. 비슷한 시기에 출시된 타사의 PDA폰과 비교해보면 크기 경쟁에서 뒤처진 것을 확연히 알 수 있다.

두 번째 요인은 요즘 사람들이 별도로 수첩을 갖고 다니는 대신 휴대폰에 저장해둔 연락 정보에 의지한다는 사실을 간과한 것이다. 이 휴대폰은 한번 방전이 되면 저장된 모든 연락 정보가 삭제된다는 치명적인 약점이 있었다. 괜히 이것저것 넣어 부피만 커지고 복잡해지기만 했지 정작 휴대폰으로서의 기능은 기대 이하인 제품이 되고 말았다.

개성 넘치는
퓨전 음식점

주목받는 퓨전 음식점

그렇다면 과연 어떤 융합상품들이 시장에서 대박을 터뜨리는 것일까? 성공하는 퓨전 상품의 공통적인 특징은 무엇이며, 과연 그 특징들이 디지털 시대의 신상품을 기획하고 설계하는 과정에 유용하게 활용될 수 있을까? 이런 점을 알아보기 위해서 우선 우리 일상에서 화제를 모으고 있는 퓨전 음식점 일곱 곳을 살펴보자.

철 따라 취향 따라 메뉴를 유연하게

'빠진(Pazin)'이라는 퓨전 음식점은 그 이름부터 범상치 않다. '빠진'이란 중국의 전설적인 음식 재료인 용의 간이나 봉황의 골, 표범의 태반 같은, 상상에나 존재하는 고급 식재료를 일컫는 말이다. 손님을 맞이할 때 황제나 귀인처럼 모시겠다는 마음을 담아 지은 이름이라고 한다.

빠진은 역사가 제법 오래되었기 때문에 식당을 찾는 각각의 고객들에 대한 데이터베이스가 풍부하다. 이를 이용해 틀에 박힌 요리가 아니라 손님 개개인의 입맛에 따른 맞춤개인요리를 제공한다.

이에 더해 1999년부터 다양한 와인 리스트도 준비하여 손님의 취향에 맞는 와인을 제공하는 것도 인기의 비결이다. 중국 음식이면 왠지 '배갈'을 마셔야 할 것 같은 선입견을 과감하게 깨는 발상이다. 한 가지 메뉴에만 집착하는 것이 아니라, 철 따라 또는 개인의 취향에 따라 특화된 메뉴를 유연하게 만들고 그에 부가되는 상품도 적절히 첨가하는 것이 빠진의 성공비결이다.

메뉴에서 장식까지 특이한 경험을

일반적으로 퓨전 음식점은 일식, 중식, 이태리식 등을 기본으로, 한 가지 이상의 음식을 융합한다. 그런데 독특하게도 프랑스식과 모로코식 음식을 융합한 레스토랑이 있다. 아프리카 모로코의 도시 마라케시(Marrakesh)의 이름을 따 '마라케시 나이트' 라고 이름 붙인 모로코 프렌치 레스토랑이다. 마라케시 나이트는 프랑스식 양상추 요리에 모로코식 만두를 적절하게 융합하는 방식의 신선한 메뉴를 제공한다.

마라케시 나이트가 다른 퓨전 음식점과 차별되는 점은 단순히 메뉴에서 끝나지 않는다. 모로코의 느낌을 제대로 연출하기 위해 모로코 현지에서 직접 인테리어 소품을 들여왔을 정도로 신경을 썼다. 모로코 장식과 붉은 패브릭으로 드리워진 공간은 이국적인 느낌을 주기에 충분하다. 실내 벽면에 달린 촛대에 불이 켜지는 순간, 손님들은 마치 아프리카에서 낭만적인 하룻밤을 보내는 듯 색다른 느낌을 만끽할 수 있다. 메뉴에서 인테리어, 서비스에 이르기까지 이곳에서만 경험할 수 있는 독특한 매력이 있다. 이 퓨전 음식점은 보통 보름 전에 예약을 해야 할 만큼 인기가 좋다.

정갈한 스타일을 고집한다

'쁘띠 시즌스(Petit Seasons)'는 정갈한 스타일로 유명한 퓨전 음식점이다. 쁘띠 시즌스는 한식 상차림 특유의 정갈함을 전체 분위기에 고스란히 반영한 한정식 퓨전 음식점이다.

퓨전 음식점은 대부분 뛰어난 스타일을 자랑하는데, 그중에서도 특히 쁘띠 시즌스가 돋보이는 이유는 음식 자체의 맛과 멋은 물론이고 인간문화재 이봉주의 유기그릇, 자개함, 병풍 등 정갈한 분위기에 맞추어 가구와 음식, 서비스 등 모든 요소를 세련미 있게 재구성했기 때문이다. 놋쇠로 만든 앞 접시와 수저들은 모두 무형문화재의 작품인데, 이음새 없이 부드러운 곡선을 그리는 식기류가 소박하고 정갈한 한국 고유의 스타일을 한껏 강조하고 있다.

패션에서 음식으로 스타일의 전이

'팍(Park)'은 패션 디자이너 박지원이 운영하는 퓨전 음식점이다. 그녀는 창의적이면서도 대중의 마음을 잘 읽는 대표적인 3세대 디자이너이다. 어떻게 생각하면 음식점과 패션 디자이너라는 직업이 잘 어울리지 않는 조합일 수도 있다. 그러나 대중이 원하는 것을 파악하고 이를 창조적인 작품으로 다시 만들어낸다는 점에서 공통점이 있다.

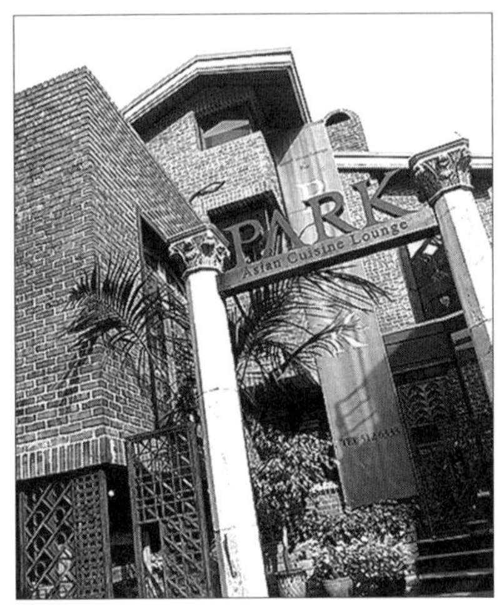

〈사진 1-2〉 패션이 음식으로 전이된
퓨전 음식점 팍
(출처: cafe.naver.com/aktckwtk)

패션 디자인이라는 분야에서 나온 경험과 지식은 강렬한 색깔의 인테리어와 어두운 조명으로 동양적 신비감을 조성한다. 건물은 음식점을 전문적으로 설계하는 건축가 민경식 소장의 작품으로, 패션 디자이너 박지원의 감각과 잘 융합되어 한층 그 분위기를 멋스럽게 한다.

그녀는 디자이너로서의 다양한 사업 경력과 여행 경험들을 음식점 운영에 적극 활용하고 있다. 예를 들어 동남아 여행을 통해 모은 소품을 활용하여 인테리어를 마무리한 점은 이국적이면서도 그녀만이 만들어낼 수 있는 독특하고도 고급스러운 분위기를 자아낸다.

같은 재료로 전혀 다른 맛을

'옌(YEN)' 이라는 퓨전 일식점 또한 주목할 만하다. '클럽스시', '시즌즈', 그리고 '무비' 의 총 주방장으로서 이미 큰 성공을 거두었고, 일본 요리를 기반으로 하는 퓨전 음식의 대표 주자인 남경표 씨가 운영한다. 남경표 씨의 잇따른 히트는 퓨전 음식이 창의적인 감성을 지닌 주방장의 혁신적인 작품이라는 사실을 일반인에게 두루 알리는 기회가 됐다. 남경표 주방장의 마이더스 브랜드가 고객들에게 음식점을 선택하는 기준이 되고 있는 것이다.

똑같은 음식 재료를 사용하면서도 다른 사람들은 생각하지 못한 창의적인 방법으로 조합한 결과, 지금껏 누구도 상상하지 못했던 새로운 음식을 탄생시켰다. 또한 주방 시스템을 개방하여 주방과 손님이 직접 대화를 하는 구조를 만듦으로써 손님들이 음식의 맛을 어떻게 느끼고, 어떻게 생각하는지 생생하게 느낄 수 있는 것도 남경표 브랜드의 성공 요인이다.

다른 음식점에서 사용하는 소재들, 시장에 나와 있는 재료들을 사용하지만, 차별된 방식으로 요리하여 전혀 다른 맛을 만들어내는 '옌'은 일흔이 훨씬 넘은 필자의 부모님도 서울 오실 때마다 즐겨 찾으시는 인기 효도 품목이 되었다.

개념 자체가 다르다

'맥도널드'나 '버거킹' 같은 패스트푸드가 판을 치는 세상이다. 그러나 웰빙을 위해서는 느리게 만들어 천천히 음미하면서 먹는 슬로우 푸드(Slow Food) 바람도 만만치 않다. 그 콘셉트를 실현하는 퓨전 음식점이 '느리게 걷기'이다. 밥 먹는 시간이 아까워서 캡슐 하나로 공복감을 없애면 좋겠다는 말이 있을 정도로

〈사진 1-3〉 새로운 컨셉의 퓨전 음식점
느리게 걷기
(출처: www.instylekorea.com)

빠르게 돌아가는 세상에서, '느리게 만들어 천천히 먹기' 란 매우 신선한 콘셉트이다.

〈사진 1-3〉에서 보듯 느리게 걷기는 노천 카페 같은 공간과 높은 천장, 여유 있는 좌석 배치가 돋보인다. 이러한 환경은 느리게 걷기라는 개념을 전달하기에 매우 적합하다. 슬로우 푸드라는 건강한 콘셉트와 그에 맞는 주변 환경 덕분에 메뉴 대부분이 비싼 가격임에도 불구하고 주말 저녁에는 주변 교통을 마비시킬 정도로 인기를 얻고 있다.

알음알음으로 유명세를 떨친다

앞에서 설명한 바와 같이 퓨전 음식점들은 메뉴판만 봐서는 어떤 음식이 나올지 쉽게 예측할 수 없기 때문에, 고객 입장에서는 선뜻 다가가

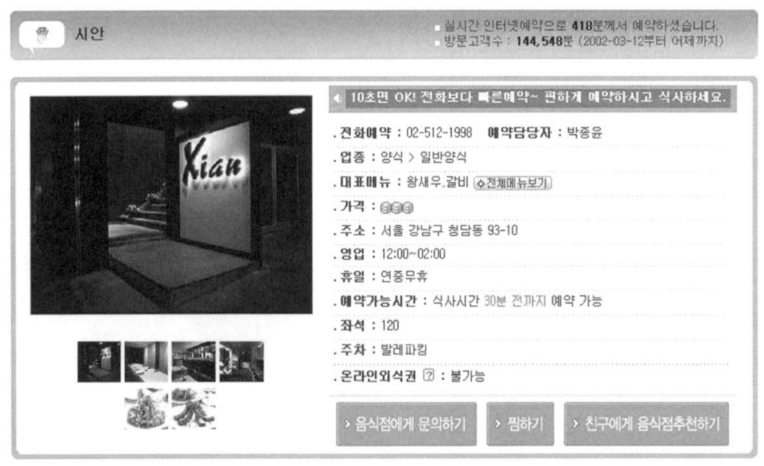

〈사진 1-4〉 네트워크 효과를 잘 활용한 퓨전 음식점 시안

(출처: www.diningok.com)

기가 어렵다는 단점이 있다. 자칫 잘못하다가는 전혀 좋아하지 않는 음식을 먹고 비싼 값을 치르기 쉽다. 따라서 퓨전 음식점이 성공하려면 일반 대중이 쉽게 시도할 수 있게 유도해야 한다. 그런 점에서 '시안(Xian)'은 네트워크 효과를 적절하게 활용한 대표적인 예이다.

시안은 체인점 시스템을 성공적으로 이끈 퓨전 음식점의 선도적인 브랜드이다. 특히 웬만한 맛집 블로그에 빠지지 않고 등장하는 음식점으로, 맛 기행을 즐기는 블로거들이 탐방기를 올리기도 하고, 활발하게 스크랩이 되는 등 인기를 끌고 있다. 〈사진 1-4〉에서처럼 '메뉴판닷컴'이나 '다이닝오케이닷컴' 같은 사이트를 통해 쿠폰을 제공하는 등 온라인 커뮤니티를 효과적으로 활용하고 있다. 퓨전 음식점이 낯설어서 선뜻 발을 들이기 어려워하던 사람들도 블로그나 커뮤니티에 올라온 경험담을 보고 용기를 내어 방문하는 경우가 많다.

수렴과 분산

퓨전 음식점과 뷔페식당이 같으면서도 다른 이유

과거에도 퓨전 음식점과 비슷한 개념이 없었던 것은 아니다. 퓨전 음식점과 비슷하지만 성격이 판이하게 다른 뷔페식당이 있다. 한 장소에서 한식, 중식, 양식을 모두 먹을 수 있는 뷔페식당 말이다. 그곳에 가면 자장면도, 비빔밥도, 돈까스도 먹을 수 있다. 어찌 생각해보면 한 곳에서 할아버지, 아버지 그리고 손자 모두 만족할 수 있으니 좋은 사업 아이디어라고 할 수 있다. 그런데 그런 식당들은 고급 호텔을 제외하고는 대부분 성공하지 못했다. 각각의 음식 맛이 해당 요리 전문점보다 못했을 뿐만 아니라, 돈까스를 먹을 때 불고기 굽는 냄새가 풍겨오면 별로 달갑지 않았기 때문이다. 그러다 보니 최근에는 뷔페식당을 싸구려 식당의 대명사로 간주하는 경향마저 생겨났다.

그렇다면 과거의 뷔페식당과 최근의 퓨전 음식점은 어떤 점에서 차별될까?

　일반적인 뷔페식당은 다양한 요리를 한꺼번에 많이 제공하는 데 만족한다. 반면 최근 화제가 되는 퓨전 음식점은 여러 가지 종류의 음식을 무턱대고 내놓는 것이 아니라 기존의 음식을 창조적으로 융합해 새로운 음식으로 만든다는 점에서 차이가 있다. 즉, 자장면과 비빔밥을 동시에 제공하는 것이 아니라 이 둘을 합쳐 장점은 살리고 단점을 줄인 '자비밥'이라는 새로운 음식을 만들어서 손님에게 제공하는 식이다. 무조건 가짓수를 늘리는 것이 목적이 아니라, 한 가지 메뉴를 제공하더라도 창조적으로 융합된 음식을 내놓는 것이다.

　뷔페식당과 비슷한 사례가 정보통신 상품에도 있었다. 한 전자회사에서 카메라와 집 전화를 패키지로 판매한 적이 있다. 카메라를 하나 사면 집 전화를 증정하는 식이었다. 그런데 그런 패키지 상품도 뷔페식당처럼 그다지 인기를 얻지 못했다. 상품 각각의 성능이 전문상품과 비교해 현저하게 떨어질 뿐만 아니라 카메라와 집 전화가 동시에 필요한 경우가 별로 없었기 때문이다. 단순히 카메라와 전화를 패키지로 판매하는 것은 한 식당에서 한식 · 중식 · 일식을 모두 파는 것과 다를 게 없다.

　그렇다면 카메라폰은 어떨까?

　카메라폰은 단순한 패키지 상품과 근본적으로 다르다. 휴대폰과 디지털 카메라를 함께 파는 것이 아니라, 휴대폰 안에 카메라 기능을 융합하여 카메라폰이라는 새로운 제품으로 탈바꿈시켰기 때문이다.

　카메라폰으로는 음식점에서 맛있는 요리가 막 나왔을 때 김이 모락모락 나는 장면을 촬영할 수 있다. 그리고 휴대폰의 그림 전송 기능을 이용해서 멀리 떨어져 있는 친구에게 보내고, 그 그림을 받은 친구들과 통화하면서 음식이 얼마나 맛있는지 이야기할 수 있다.

이와 같이 기존에는 별도로 존재하던 기능이나 콘텐츠 또는 기술을 창조적으로 수렴하고 필요 없는 기능이나 콘텐츠를 과감하게 분산하여 고객에게 새로운 가치를 제공하는 상품을 융합상품(Convergent Product) 이라고 한다.

흔히 '융합'의 반대말은 '분산'이라고 생각한다. 음식점에서도 퓨전 음식점의 반대는 전문 음식점이라고 생각하기 쉽다. 즉, 앞에서 이야기한 다양한 퓨전 음식점과 곰탕으로 유명한 '하동관'이 각각 정반대의 개념을 내세운 음식점이라는 것이다.

그러나 융합과 분산은 반대의 개념이 아니라 동전의 앞뒷면과 같다. 융합은 반드시 수렴과 분산을 동반하기 때문이다.

예를 들어, 앞에서 이야기한 '마라케시 나이트'를 생각해보자. '마라케시 나이트'는 단순히 프렌치 음식 또는 모로코 음식을 제공하는 것이 아니라, 프렌치 음식과 모로코 음식을 융합하여 새로운 음식을 만들어냈다. 또한 그러한 콘셉트에 맞게 식당 인테리어와 기타 소품들에도 일관성을 유지했다. 같은 맥락에서 '쁘띠 시즌스'도 마찬가지이다. 단순히 여러 가지 음식을 제공하는 것이 아니라, 새로운 음식과 콘셉트를 만들고 주제에 맞는 음식을 특화했다.

성공적인 퓨전 음식점과 전문 음식점은 일맥상통하는 바가 있다. 창조적 융합을 통해 전문적인 음식을 내놓는 음식점이야말로 진정한 퓨전 음식점이기 때문이다. 그런 의미에서 퓨전 음식점의 반대 유형은 전문 음식점이 아니라 뷔페식당이다. 시장에서 실패하는 융합상품은 대부분 너무 많은 기능과 기술을 아무런 맥락 없이 섞어놓은 뷔페식 상품이기 때문이다. 우리에게 필요한 것은 이와 같은 뷔페 상품이 아니라 전문성을 가진 퓨전 상품이다.

융합상품의 핵심 요소

융합상품은 3가지 측면에서 기존에 별개였던 것들을 하나로 모은 상품을 의미한다. 바로 콘텐츠, 기계 그리고 네트워크이다.

일단 콘텐츠 측면에서 살펴보자. 퓨전 음식점에서 한식과 양식을 합쳐 새로운 음식을 만들어냈다면 그것은 콘텐츠 측면의 융합이자, 융합상품의 핵심이다. 과거에는 별도였던 음성 콘텐츠와 데이터 콘텐츠 그리고 영상 콘텐츠를 한꺼번에 융합하여 DMB 콘텐츠를 만든 것이 콘텐츠 융합이다. 나아가 과거의 교육용 콘텐츠와 오락용 콘텐츠를 합쳐서 에듀테인먼트(edutainment) 콘텐츠를 만드는 것도 일종의 콘텐츠 융합이다.

두 번째 융합의 요소는 단말기 또는 기계라고 할 수 있다. 과거에는 독립적이던 컴퓨터와 통신기기, 정보가전기기의 기능을 합해 하나의 기계로 제공하는 방식이다. 최근 출시되는 휴대폰은 대부분 카메라와 휴대폰, 휴대폰과 TV 그리고 MP3 플레이어와 휴대폰의 기능을 융합했다. 이 외에도 휴대폰뿐 아니라 토스터와 융합된 전자레인지, 컴퓨터와 융합된 지능형 냉장고 등 기기의 융합 사례는 많다.

마지막 융합의 요소는 네트워크이다. 콘텐츠를 기기에 전달하는 통로인 네트워크에서도 융합이 활발하게 일어나고 있다. 과거에는 전혀 관련이 없던 통신망과 방송망을 하나로 융합하는 것이 네트워크적인 융합의 대표적인 예이다. 네트워크를 융합하면서 통신망은 방송 콘텐츠라는 방대한 양의 데이터를 빠른 속도로 전달할 수 있도록 광대역화했다. 동시에 방송망의 디지털화를 통해 그동안 단방향에 머물렀던 콘텐츠 전달의 양방향화가 가능해졌다.

따라서 융합상품이란 상품의 기능이나 콘텐츠를 융합하고, 콘텐츠를 담는 기기를 융합하며, 이러한 기기에 해당 콘텐츠를 전달하는 네트워크를 융합한 것이다.

성공하는 융합상품을 개발하기 위해서는 3가지 모두 융합할 수도 있고 하나만 융합할 수도 있다. 그러나 오늘날은 이것들을 유기적으로 융합하는 추세이다. 예를 들어 DMB폰의 경우는 과거의 방송 콘텐츠인 드라마를 볼 수도 있고, 모바일 인터넷을 통해 주가 정보를 받아볼 수도 있다. 콘텐츠의 융합이 이루어진 것이다. 동시에 휴대폰 단말기로 동영상을 볼 수 있는 TV와 인터넷을 쓸 수 있는 컴퓨터가 융합됐다. 마지막으로 지상파 DMB폰은 방송망을 통해 지상파 방송을 볼 수 있을 뿐만 아니라, 이동통신망을 이용해 인터넷을 사용하거나 음성통화를 할 수 있다. 따라서 DMB폰은 콘텐츠와 기기 그리고 네트워크가 동시에 융합된 사례이다.

융합상품이
일상 속으로

융합상품이 주목받는 이유

그렇다면 최근 이런 융합상품이 각광받는 이유는 무엇일까? 크게 기업적 측면과 소비자 측면 그리고 기술적 측면의 3가지 관점에서 살펴볼 수 있다.

우선 기업의 입장에서 본다면 기존 상품의 수익성이 낮아지면서 새로운 수익을 창출할 수 있는 기회가 절실해졌다. 휴대폰은 우리나라 모든 성인 남녀가 거의 한 대씩 가지고 있으며 심지어 두 대, 세 대까지 가지고 있는 경우도 흔하므로 음성통화만 잘되는 휴대폰으로는 아무리 잘 만들어도 더는 시장이 없다. 그러다 보니 지금까지 없었던 새로운 기능이나 콘텐츠를 합쳐 뭔가 새로운 융합상품을 내놓기에 이르렀다.

더욱이 이렇게 개발된 상품은 기존의 상품보다 훨씬 높은 마진을 받고 판매할 수 있다. 예전의 뷔페식당은 가격이 저렴한 반면, 최근 각광을 받는 퓨전 음식점은 대부분 음식 값이 비싼 것처럼, DMB 방송 시청이 가능한 휴대폰은 음성통화만 가능한 휴대폰에 비해 보통 두 배 정도 비싸다. 따라서 기업 입장에서 봤을 때, 융합상품은 고갈된 기존 시장에서 탈피해 수익성 높은 새로운 시장을 개척한다는 의미가 있다.

소비자 입장에서 봤을 때에는 융합상품이 지금까지 충족되지 못한 욕구를 채워준다는 데 큰 의의가 있다. 항상 한식, 중식 또는 양식만 먹다 보면 새로운 음식이 먹고 싶기 마련이다. 퓨전 음식점은 바로 이런 소비자의 욕구를 충족시켜준다.

카메라폰은 카메라와 휴대폰을 둘 다 들고 다니는 것을 불편해하고 카메라로 찍은 사진을 멀리 있는 친구들에게 당장 보여주고 싶어하는 사람들의 욕구를 충족시켜준다. 특히 요즘 젊은이들은 귀찮은 것을 극도로 싫어하고 자신의 개성을 최대한 드러내고 싶어한다. 이들을 위해 여러 가지 기기를 가지고 다녀야 하는 번잡함을 줄여주면서도 남과 차별되는 개성을 살려주는 것이 바로 융합상품의 매력이다.

마지막으로 융합상품을 가능케 한 기술의 발전을 들 수 있다. 과거에는 퓨전 음식 같은 다양한 메뉴를 한 주방에서 동시에 만들어내는 데 한계가 있었으나, 주방기구가 발전하면서 짧은 시간 내에 다양한 메뉴를 요리하는 것이 가능하게 됐다. 기술의 발전도 마찬가지이다. 정보통신 분야의 융합상품에서는 이러한 현상이 더욱 확연하게 드러난다. 최근 들어 네트워크 기술이 발전하면서 방대한 양의 데이터를 가뿐히 전송할 수 있게 됐다. 나아가 속도가 빨라지고 압축 기술이 고도로 발달함에 따라 과거에 해왔던 막대한 업무량도 적은 비용과 시간을 들여 수행할 수 있게 됐다.

삼성전자에서 제안한 4세대 이동통신 기술은 움직이는 차 안에서도 영화 한 편을 2~3초 내에 받을 수 있다. 과거에는 불가능하다고 여겨졌던 휴대폰을 통한 영화 감상이 가능해진 것이다. 휴대폰 기기가 개인용 비디오 플레이어와 융합될 시간도 머지않은 셈이다.

결론적으로 소비자들이 융합상품 같은 새롭고 편리한 상품을 필요로 하고, 기술적으로 그와 같은 상품의 개발이 가능하며, 이로써 기업은 새로운 수익을 창출할 수 있기 때문에 융합상품이 각광을 받는 것은 자연스러운 시대적 흐름이라고 할 수 있다.

실패하는 융합,
성공하는 융합

성공적인 융합상품의 7가지 키워드

기업과 고객 모두 융합상품을 원하고 있고, 이를 만들 수 있는 기술이 가능해졌음에도 불구하고, 시장에 나오는 많은 융합상품들이 실패를 거듭하는 이유는 무엇일까?

그 이유는 대다수 기업들이 융합상품의 성공 요인을 깊이 있게 이해하지 못하고 그저 다양한 기능을 조합한 제품만 양산하기 때문이다. 즉, 전문적인 퓨전 음식점을 개업해야 하는데 뷔페식당을 개업하는 셈이다. 하나의 상품에다 쓸데없는 기능이나 콘텐츠 그리고 네트워크를 마구잡이로 첨가하다 보면 가격은 가격대로 올라가고 사용하기에는 불편한 제품이 만들어질 수밖에 없다. 컨버전스가 만능은 아니라는 얘기다.

독창적인 융합상품으로 기업의 수익률을 개선하고 해외 시장에 성공적으로 진출하기 위해서는 창조적 융합에 대한 깊이 있는 연구가 필요하다. 이 책에서는 성공적으로 개발된 융합상품에 대한 사례 분석을 통해 창조적 융합을 가능케 하는 7가지 핵심 요인을 알아보고자 한다. 그 핵심 요인은 유연성(Flexibility, F), 차별성(Uniqueness, U), 스타일(Style, S), 시너지(Synergy, S), 혁신성(Innovation, I), 독창적 콘셉트(Originality, O), 네트워크(Network, N)이다. 이 7개 핵심 요인의 머리글자만 모으면 FUSSION, 즉 '퓨전'이 된다. 창조적 융합을 위한 퓨전을 의미하는 셈이다.

이 7가지 핵심 요인은 퓨전 음식점의 성공 요인과 크게 다르지 않다. 두 가지 모두 창조적 융합과 관련이 있기 때문이다. 따라서 이 장에서는 융합상품 개발의 7가지 핵심 키워드를, 앞서 이야기한 퓨전 음식점의 성공 사례와 연결하여 설명하겠다.

유연성(Flexibility, F)

융합상품을 개발하는 데 반드시 필요한 요소는 유연성이다. 앞에서 이야기한 '빠진'이라는 퓨전 음식점이 철 따라 개인 고객의 취향에 따라 음식 메뉴를 유연하게 바꾸는 것처럼, 기술의 발전과 소비자의 취향에 따라 상품을 유연하게 개발할 수 있는 조직과 프로세스야말로 융합상품 개발의 절대 요인이다.

유연성이 특히 필요한 이유는 여러 가지 기술과 콘텐츠 그리고 네트워크가 시시각각 급격하게 변화하기 때문이다. 개별적인 변화도 크지만 이들을 융합했을 때는 독립적일 때보다 더 큰 폭으로 변화할 가능성이 많다. 이런 가능성을 모두 예측하기란 현실적으로 어렵기 때문에 가능성의 추이에 따라 유연하게 상품을 개발할 수 있는 조직과 절차가 필수적이다.

성공적인 융합상품 개발에 있어서 두 번째로 중요한 요소는 차별성이다. '마라케시 나이트'는 메뉴와 인테리어, 서비스까지 각 분야에서 차별화된 경험을 소비자에게 제공함으로써 성공을 거두었다. 마찬가지로 성공적인 융합상품을 개발하기 위해서는 제품의 사양이나 마케팅 그리고 조직문화적인 측면에서도 기존 메이저 업체들과 차별되는 요소가 있어야 한다.

융합상품에서 차별성이 특히 필요한 이유는 기존에 있던 여러 가지 상품을 창조적으로 융합해야 살아남을 수 있기 때문이다. 여기서 중요한 것은 '창조적'이라는 조건이다. 기존 상품과의 차별성이 드러나지 않는다면 소비자의 입장에서 굳이 높은 비용과 사용상의 불편을 감수하면서까지 낯선 융합상품을 이용할 이유가 없다. 따라서 기존의 상품과 극명하게 대비될 수 있는 독특한 차별성이 반드시 요구된다.

세 번째로 중요한 요소는 스타일이다. '쁘띠 시즌스'는 음식이나 식기, 인테리어에서 한결같이 정갈한 스타일을 강조했다. 일반 한국 음식점에서는 느낄 수 없던 절제되고 정갈한 우리나라 고유의 종갓집 스타일을 퓨전 음식점에 도입한 것이다. 그런 스타일이 유효했기에 쁘띠 시즌스는 가격이 부담스러운 편인데도 많은 사람들의 사랑을 받고 있으며, 외국인들에게 격조 있는 한국 고유의 식사를 대접하기 좋은 장소로 손꼽힌다.

스타일이 융합상품 개발에서 빠질 수 없는 이유는 주 소비자층의 특성에서 비롯된다. 기존의 상품에는 만족하지 못하고 자기만의 필요와 요구에 맞는 상품을 원하는 소비자들이 융합상품을 주로 이용한다. 이들이 융합상품을 구매하고 사용하려는 이유는 융합상품을 통해서 자신의 스타일을 만들고 싶어하기 때문이다. 즉, 개성 있는 스타일을 위해 높은 비용을 지불하거나 수고를 아끼지 않는 적극적인 소비자들이다. 이런 소비자들을 효과적으로 공략하기 위해서는 스타일이 필수적인 요소일 수밖에 없다.

시너지(Synergy, S)

네 번째로 고려해야 할 요소는 과거 경험과의 시너지이다. 박지원 씨는 패션 디자이너로서 쌓아온 경험과 전문 지식을 십분 발휘하여 퓨전 음식점을 운영하고 있다. 패션 디자이너다운 감각으로 인테리어와 건물을 설계했을 뿐만 아니라, 기존 사업에서 축적한 노하우를 새로운 아이템에 접목했다.

마찬가지로 융합상품을 개발할 때에는 기존의 상품을 개발하는 동안 쌓아온 기술력과 브랜드 그리고 대외 협력 관계를 적극적으로 활용해야 한다. 시너지가 융합상품을 개발하는 데 중요한 이유는 기존의 상품이 융합상품의 재료가 될 뿐 아니라, 그동안 축적한 노하우가 새로운 상품을 개발하는 데 긴요하게 사용될 수 있기 때문이다. 융합상품은 여러 가지 상품을 결합하여 전혀 새로운 상품으로 만드는 것이므로 일반 상품보다 개발 과정이 복잡하고 오래 걸린다. 따라서 기존 업무에서 습득한 기술과 인맥은 융합상품 개발의 어려움을 극복하고, 시간과 노력을 줄일 수 있는 효과적인 자산이다.

혁신성(Innovation, I)

다섯 번째 요소는 기존 제품을 창조적인 방법으로 재결합하는 혁신성이다. '옌'의 남경표 씨는 남들도 사용하는 참치나 빨간무, 소고기 같은 식재료를 혁신적인 방법으로 결합해 전혀 다른 음식으로 재창조했다.

융합상품을 개발하고자 한다면 이처럼 기존에 존재하는 기술과 콘텐츠를 혁신적으로 결합해야 한다. 융합상품 개발의 핵심은 혁신성이다. 이를 위해서는 기존의 생각을 부수고 재결합하는 발상과 절차가 반드시 필요하다. 그렇지 않으면 기존의 상품과 다를 것이 없으며 식상하고 진부한 뷔페식 상품이 나오게 된다.

독창적 콘셉트(Originality, O)

고객들에게 한번에 전달될 수 있는 독창적인 콘셉트 또한 중요하다. 퓨전 음식점 '느리게 걷기'는 패스트푸드가 판을 치는 시대에 슬로우 푸드라는 신선한 콘셉트를 바탕으로 고객들에게 강렬한 인상을 주는 독특한 퓨전 음식점이다.

개발 과정과 마케팅 과정에서 어중간한 상품들은 기존의 상품으로 흡수되기 쉽다. 나아가 목표가 분명하지 않아서 개발 과정 자체가 표류하는 경우도 많다. 따라서 개발자와 고객 모두 한번에 이해하고 공감할 수 있는 독창적인 콘셉트가 필수적이다.

네트워크(Network, N)

일곱 번째 요소는 고객들에게 상품에 대해 소개할 수 있는 네트워크이다. 융합상품은 대부분 첨단이고 새롭기 때문에 소비자가 이해하기 위해서는 안내가 필요하다. '시안'은 온라인 커뮤니티를 통해 낯선 퓨전 음식을 다채롭게 소개함으로써 손님들이 좀더 편안한 마음으로 음식점을 찾을 수 있게 배려했다.

융합상품들의 공통점 가운데 하나가 퓨전 음식점의 애매한 메뉴판처럼, 상품만 보고서는 어떤 방식, 어떤 용도로 사용되는지 명확하지 않다는 것이다. 그래서 사용자들이 관심과 능력은 있어도 구매를 주저하는 경우가 많다. 자신이 직접 써보지 않더라도 다른 사람들의 의견을 통해 용도와 사용방법을 충분히 알아본 뒤에 구입하겠다는 사람들이 많은 것도 그 때문이다. 이런 사람들을 위해서 융합상품의 경험을 알리는 네트워크는 필수적이다.

치밀한 전략
그리고 성공

융합상품의 교과서, 호면당

퓨전 음식점의 성공 사례를 찾으면서 주위에 있는 미식가들에게 많은 조언을 구했다. 그 과정에서 사람들이 한결같이 추천하는 퓨전 음식점이 있었으니, 바로 '호면당'이다. 이름에서 알 수 있듯이 한국, 이탈리아, 일본, 중국, 베트남, 태국 등 세계 각국의 다양한 종류의 면 요리를 만날 수 있다.

앞에서 이야기한 7가지 키워드를 '호면당'에 적용해보자.

일단 호면당은 그때그때 나오는 신선한 해산물과 특유의 소스를 합친 면 요리를 제공한다. 계절의 변화와 개인 고객의 취향에 따라 메인 메뉴와 와인을 유연하게 제공하는 빠진처럼 말이다. 이런 서비스를 하기 위해서는 시장과 고객의 변화에 따라 유연하게 변화할 수 있는 구조와 절차(Flexible structure and process)를 갖추어야 한다.

호면당은 다른 국숫집과 차별화된 메뉴와 서비스(Unique product)를 제공하기 위해 아보카도나 스쿼시, 알팔파 같은 유기농 식자재와 천연 소스만 사용한다. '마라케시 나이트'가 프랑스식 모로코 음식과 독특한 인테리어로 차별화를 꾀한 것처럼 말이다.

호면당의 내부 인테리어는 일반적인 국숫집과는 달리 고급스러우면서도 건강한 스타일을 시종일관 유지하고 있다(Stylish design). '쁘띠 시즌스'가 정갈한 우리나라 종가집 스타일로 승부를 건 전략과 유사하다.

호면당은 유기농 식자재를 공급하는 회사와 긴밀한 관계를 맺고 있다. 또한 퓨전 음식점으로 유명한 청담동 일대의 복합 생활문화 공간을 제공하는 회사들과도 연결되어 기존 경험과의 시너지 효과(Synergetic relation)를 낸다. 패션 디자이너 박지원 씨가 자신의 감각과 노하우를 퓨전 음식점 '꽉'에 접목한 예와 같다.

호면당은 한·중·일의 국수를 기존의 방식대로 만드는 것이 아니라 재료를 재구성해서 새로운 형태의 국수 요리를 만든다. 나아가 면 요리뿐 아니라 롤과 같은 새로운 음식 분야의 확장도 꾀하고 있다(Innovative redesign). '옌'이 기존 식자재로 완전히 새로운 메뉴를 만들이낸 깃도 이와 같은 전략이다.

호면당은 여러 나라의 면 음식을 단순히 섞어놓은 것이 아니라 '친환경 유기농 누들'이라는 독창적인 콘셉트(Original Concept)로 시작했다. 비슷한 예로 '느리게 걷기'가 슬로우 푸드라는 새로운 콘셉트를 내세운 것을 되짚어볼 수 있다.

호면당은 음식 기행을 하는 많은 블로거들이 즐겨찾는다. 포털 검색창에 '호면당'을 적으면 수십 개의 음식 기행기가 올라오는 것을 볼 수 있다. '시안'이 네트워크를 통해 고유의 맛과 멋을 알렸던 홍보 효과를 호면당 역시 누리고 있다.

호면당이 성공적인 퓨전 음식점으로 발전한 것은 유연성 있는 조직 구조와 개발 절차(Flexibility), 차별성 높은 제품 구성(Uniqueness), 스타일 있는 디자인(Style), 기존 경험과의 시너지 효과(Synergy), 혁신적인 재설계(Innovation), 독창적인 콘셉트(Originality) 그리고 네트워크(Network) 효과 등, 퓨전의 핵심 전략이 모두 절묘하게 맞아떨어진 덕분이다. 이처럼 성공적인 융합상품을 구축하기 위해서는 7가지 핵심 키워드가 필요하다.

다음 2부에서는 7가지 핵심 키워드가 성공적인 융합상품을 개발하는 데 어떻게 활용되었는지 알아보기 위해 각각의 기업 성공 사례를 자세히 살펴보도록 하겠다.

F U S S I O N

2부

디지털 명품 개발을 위한 7가지 키워드

1장

유연한 조직 구조로 불확실성을 최소화하라

Flexibility

Uniqueness

Stylish

Synergy

Innovation

Originality

Network

> 신상품을 유연하게 개발하기 위해서는 신상품 개발부서의 조직을 전체 회사 조직과 분리하여 업무 절차나 팀 구성을 변화시킬 수 있어야 한다. 고객과 시장 변화에 발맞추어 기업도 적극적으로 변해야 한다.

불확실성은
새로운 기회의 원천

엄청난 변화가 몰려온다

"요즘은 요가가 다이어트의 한 방법처럼 알려졌지만, 그건 요가가 주는 효과의 극히 일부분일 뿐이에요. 요가는 사람을 변화시켜요. 내 몸과 정신 모두를 유연하고 건강하게 만들어주죠."

옥주현, 보아, 한가인, 이미연, 최지우 등 톱스타들을 지도하는 것으로 잘 알려진 요가 강사 제시카(본명 최현정)의 말이다.

웰빙을 선호하는 사회 흐름 속에 기아타이거즈 프로야구팀에도 요가 바람이 찾아들었다. 우리가 흔히 동계훈련, 과거에는 특히 '지옥훈련'이라고도 했던 선수들의 혹독한 훈련 과정에 부드럽기 그지없는 요가 과정이 추가된 것이다. 야구복을 입은 건장한 선수들이 요가 동작을 하는 모습을 연상하면 웃음이 나오지만 배경 이유를 들어보면 고개가 절로 끄덕여진다.

요가 훈련은 선수들이 평소에 사용하지 않는 근육을 풀어주고 유연성을 강화하는 데 효과적이다. 선수들을 위협하는 잦은 부상을 미연에 방지하기 위해 요가는 더없이 유용한 훈련이다. 몸을 유연하게 제어하는 동시에 충격을 흡수할 수 있어서 부상당할 확률을 최소화하기 때문이다.

유연성이 비단 운동선수에게만 중요한 것은 아니다. 불확실한 시장 환경에서 살아남아야 하는 기업에게도 필수불가결한 요소이다. 많은 경영 전문가들은 지금보다 훨씬 강력한 변화에 대비해야 한다고 조언한다. 현재의 타성에 안주하지 않고 변화에 유연하게 대응하는 기업에게는 또 다른 기회가 다가올 것이다.

미래학자 앨빈 토플러(Alvin Toffler)는 《부의 미래(*Revolutionary Wealth*)》라는 저서를 통해 경영의 패러다임 변화를 강조하며 다음과 같이 이야기했다.

단순히 좋은 제품을 싼 가격에 만들어 팔던 제조 마인드의 시대는 끝났다. 소비자의 니즈(needs)가 빠르게 고급화, 다양화함에 따라 지금까지의 대량 소비시대는 가고 맞춤 소비시대가 올 것이다. 이러한 변화의 흐름을 잘 파악해 철저하게 고객의 니즈를 충족시킬 수 있는 유연한 기업만이 비로소 경쟁의 대열에서 성공할 것이다.

기업의 조직 구조가 얼마나 변화에 유연하게 대처하느냐에 따라 부상을 예방할 수도, 못할 수도 있다. 갈대가 세찬 바람에도 뿌리 뽑히지 않듯, 거센 바람도 흡수할 수 있는 유연한 힘이야말로 기업의 생존과 직결된다.

변하느냐, 사라지느냐

하루가 다르게 바뀌는 고객의 마음을 사로잡으려면 어떻게 해야 할까?

최근 셀 수 없이 다양한 제품들이 시장에 쏟아져나오지만, 그만큼 고객의 관심을 끌고 만족과 신뢰를 얻어내기가 쉽지 않다. 항상 시장의 변화 추이에 촉각을 곤두세워야 하며, 아무리 소수 고객들의 욕구라도 무시해서는 안 된다. 그러나 이것들을 파악하기에 앞서 개발자 스스로가 변화에 능동적이지 않다면 아무리 고객의 욕구를 제대로 읽어낸다 한들 계란으로 바위치기일 뿐이다. 가장 먼저 기업들은 내부 조직의 유연성을 확보하여 열린 귀와 열린 마음으로 고객을 받아들일 준비를 해야 한다.

성공과 실패를 가르는 중요한 요인은 상품 개발 절차와 조직의 유연성, 즉 시간의 흐름에 따라 변화하는 기술력과 소비자의 취향에 보조를 맞출 수 있는 능력이다. 세계 반도체 1위인 인텔의 앤드류 그로브(Andrew S. Grove) 회장은 "유일하게 변하지 않는 단 하나의 사실은 우리가 끊임없이 변화를 수용해야 한다는 것이다."라고 말했다. 변화는 선택 사항이 아니라 생존을 위한 필연적인 과제라는 뜻이다. 즉 '변화하느냐 아니면 사라지느냐'의 문제이다.

그러나 조직들 대부분은 현재 상태를 유지하는 데 전력을 다한다. 이들 중 다수는 변화하는 시장 환경에 적응하려다 실패하고 되려 쓴맛을 보기도 한다.

변화를 유연하게 받아들이지 못한 사례로 IBM을 들 수 있다. 1940년, 체스터 칼슨(Chester Carlson)이라는 사람은 4년간에 걸친 연구 끝에 복사기를 발명했고 '전자 사진'이라는 제품명으로 특허를 따냈다. 복사기를 시장에 내놓기 위해 그는 가장 먼저 IBM에 찾아가 투자를 요청했다. 그러나 당시 IBM은 산업혁명이 초래할 정보의 재창조라는 큰 변화의 흐름을 읽지 못해 복사기라는 새로운 시장을 무시했고, 체스터의 제안을 거절했다. IBM 대신 체스터의 제안을 받아들인 할로이드 사는 20만 대의 복사기를 판매하고, 지속적으로 새로운 모델을 만들어 수십억 달러 규모의 시장을 창출했다.

이외에도 변화에 둔감하여 시장에서 도태될 뻔한 사례들이 비일비재하다. 그 예로 인터넷 혁명에 무관심했던 탓에 후발주자로 사업을 시작해야 했던 AT&T, MCI, BT, 도이체 텔레콤 등을 들 수 있다. 온라인 트레이딩(증권거래) 추세에 끝까지 저항하다가 신규업체들이 시장에서 상당한 위치를 선점한 다음에야 마지못해 이를 수용한 메릴린치, 프루덴셜 등 주요 증권회사들도 있다.

이렇듯 세계적인 기업들마저도 시장 변화의 물결에 좌초되는 사례가 발생하자 '신속하고 유연한 경영 활동이 필요하다', '유연한 생산 체계를 구축하라', '시장 환경에 탄력적으로 대응하라'라는 등의 구호가 빈번하게 등장하기 시작했다. 고객들의 다양한 요구와 기술의 급속한 발전이 기업들에게 위기의식을 가져다주었기 때문이다.

과거에는 안정적인 시장 환경에서 몇 가지 주요 변수만을 파악해 통제하거나 계획을 세우면 변화에 효과적으로 대응할 수 있었다. 게다가 공급이 수요를 좌지우지하는 재래식 시장에서는 시장의 통제 또한 어렵지 않았다. 그러나 시장 환경이 하루가 다르게 변해가고 고객의 욕구 또한 '커스터마이징*'이란 단어에 포장되어 다양한 형태로 개인화되면서, 과거의 경직된 조직으로는 시장 환경의 변화를 따라잡을 수 없게 되었다.

　나아가 수동적으로 변화를 뒤따르는 것이 아니라, 신속하고 탄력적으로 시장을 주도하는 태도가 중요하다. 기업은 유연한 조직 구조를 통해 외부 환경 변화에 신속하게 대응하고, 시장의 흐름을 선도할 역량을 갖춰나가야 한다.

상식을 뛰어넘는 컨버전스 제품

대한민국 사람이라면 누구나 한 번쯤 이런 고민을 해봤을 것이다. 중국집에 갔을 때 '자장면을 먹을까, 짬뽕을 먹을까?' 하는 고민 말이다. 이렇게 두 가지를 놓고 고민하는 사람들을 겨냥한 것이 바로 '짬짜면'이다. 그릇을 반으로 나누어 한쪽에는 자장면, 다른 한쪽에 짬뽕을 담아 팔기 시작한 것이다.

　융합상품도 처음 출시됐을 당시에는 짬짜면과 다를 바 없었다. 두 가지 맛을 한번에 즐길 수 있으면 그것으로 그만이었다. 그러나 최근의 경향은 그렇지 않다. 고객들은 단순히 두 기능을 동시에 제공하는 뷔페식 상품이 아닌, 두 기능이 합쳐진 창조적 융합 기능을 원한다. 최신 카메라폰이 사진만 찍을 수 있는 것이 아니라, 사진 편집 및 전송 기능까지 갖춘 것처럼 말이다. 컨버전스 제품이 소비자들에게 인정받기 위해 기업들은 스스로를 뛰어넘는 경쟁을 해야 한다.

●

커스터마이징customizing : 생산업체나 수공업자들이 고객의 요구에 따라 제품을 만들어주는 일종의 맞춤서비스를 말한다. IT 산업이 발전하면서부터는 이미 개발된 솔루션이나 웹사이트 등을, 구매고객이나 이용고객이 원하는 형태로 재구성 또는 재설계하는 것을 의미하게 되었다.

컨버전스 제품들은 기존 상품의 단순한 기능 개선에서 그치는 것이 아니라 상품 개발의 새로운 방향을 제시하는 신호탄과도 같다. 이들의 등장으로 인해 기업들은 이전과는 전혀 다른 형태의 혁신적인 상품을 개발해야 하는 압박을 받게 됐다. 기존에 독립적으로 개발, 생산, 판매되던 기능들이 하나의 제품으로 통합됨에 따라 소비자는 전과는 또 다른 형태의 욕구를 표출하기 시작했다. MP3와 휴대폰이 만나고, 카메라와 휴대폰이 만나고, 이제 TV와 휴대폰이 만난다. 그리고 결국엔 MP3와 카메라, TV와 라디오 모두 휴대폰 하나의 등에 업혀 있다.

또한 컨버전스 제품은 시장의 변화를 유도하여, 기존의 경쟁관계를 보다 심화시키기도 하고 새로운 시장을 생성하기도 한다. 예로 아날로그 카메라의 강자들이 그들 나름의 경쟁을 계속해나가면서도 카메라 기능이 내장된 휴대폰과 경쟁하고, 반대로 휴대폰 회사들은 기존 카메라 시장까지 그 영역을 확대하는 것을 들 수 있다.

이때 시장은 대기업에게만 열려 있는 것이 아니라, 진짜 실력으로 변화에 맞서는 중소기업들에게 기회의 장이 되기도 한다. 물론 이러한 시장 패러다임의 변화가 중소기업에게 항상 우호적인 것만은 아니다. 중소기업은 말 그대로 중소 규모의 회사가 제품 개발에서 판매에 이르는 전 과정을 자체 관리해야 하므로 인력 수급과 운영, 효율 면에서 모두 취약할 수밖에 없다. 따라서 중소기업이 이 모든 한계를 극복하고 디지털 융합상품 시장에서 성공하려면 어떤 조직 구조를 갖춰야 할까?

고도의 기술력을 필요로 하는 텔레매틱스 단말기 제조 기업의 사례를 통해 성공한 기업의 조직 구조와 실패한 기업의 조직 구조를 비교해 그 해답을 찾아보도록 하겠다.

텔레매틱스로 시작된 자동차의 진화

2006년 10월 3일, 온 국민이 가족과 함께 한가로이 추석 연휴를 즐기던 그날, 뉴스에서는 충격적인 사건이 보도됐다. 서해대교에서 29중 추돌 사고가 발생한 것이다. 까맣게 불에 탄 자동차들의 처참한 광경과 함께 사상자가 무려 65명에 달한다는 소식은 소식을 전하는 사람과 뉴스를 보던 시청자들을 경악하게 했다. 트럭 간의 가벼운 추돌사고로 끝날 수 있었던 상황이 전쟁터를 방불케 하는 대형 참사로 이어진 것이다. 그렇다면 한 가지 생각해 보자. 만약 10여 년이 지난 미래에는 이런 사고를 피할 수 있을까?

일반적으로 안전한 차간거리는 주행속도의 1천 분의 1 이상이어야 한다. 시속 100킬로미터의 속도로 달리는 차는 앞 차와 100미터 이상의 거리를 두어야 한다는 얘기다. 그러나 만약 10미터 정도의 차간거리만으로도 안전을 보장할 수 있는 지능형 교통 시스템이 상용화된다면 그날과 같은 참사는 없었을 것이다. 기술력으로 막아낼 수 있는 사고가 어디 이뿐이랴. 하지만 상용화 가능성이 점쳐지는 기술을 눈앞에 두고 벌어진 일이었기에 그 안타까움이 더하다. 그 기술이 바로 텔레매틱스이다.

텔레매틱스는 달리는 차 안에서 이동통신과 인터넷을 융합, 각종 정보를 실시간으로 주고받는 자동차용 원격 정보 서비스이다. 현재의 교통 상황을 포함한 각종 도로 교통정보를 제공하며, 이동통신 기술과 위치추적 기술을 자동차에 접목함으로써 차량 안전, 보안, 진단, 커뮤니케이션, 네비게이션, 개개인의 맞춤형 정보 서비스까지 제공하는 명실상부한 융합상품이다.

기존에 인식되던 응급구난 서비스라는 개념에서, 최근에는 위치 기반 서비스(Location Based Service) 등 무선 인터넷 개념을 도입한 이동통신 부가 서비스로 새롭게 정의되고 있다.

이 서비스가 상용화되면 자동차 주행 중 고장이 났을 때 무선통신으로 서비스센터에 연결되고, 운전석 모니터를 통해 전자우편을 받아보거나 도로 지도를 확인할 수 있다. 또한 엔진에 내장된 컴퓨터가 자동차 주요 부분의 상태를 기록하여 정비사에게 정확한 고장 위치와 원인을 알려줄 수 있다. 이러한 서비스를 제공할 단말기는 기존의 단일 기능 정보기기로는 불가능한 기능을 복합적으로 수행한다.

이때, 각 기능들이 서로 충돌을 일으키지 않고 작동하도록 설계돼야 하는 것은 물론이다. 기존의 기기보다 고도의 기술력이 필요하므로 텔레매틱스 개발은 기존 기기의 개발보다 훨씬 어려울 뿐 아니라, 성공 확률도 낮을 수밖에 없다.

시장을 알고
나를 알면 백전백승

조직 구조가 성공과 실패를 가름한다

텔레매틱스 분야는 고도의 기술력과 개발 역량을 요구하며 시장 진입 시 감수해야 할 위험 부담 또한 상당하다. 그렇다면 이토록 까다로운 제품인 텔레매틱스 시장에 성공적으로 진입하기 위해 갖추어야 할 요소는 무엇일까? 특히, 규모나 가용 자원이 턱없이 부족한 중소기업 입장에서는 어떤 노력을 기울여야 할까?

조직 운영적인 측면에서 성공적인 디지털 컨버전스 상품 개발 전략을 알아보기 위해, 텔레매틱스 단말기를 제조·판매하는 중소기업 A사와 B사의 사례를 비교하여 살펴보자.

2000년, A사는 차량 내장형 음향기기를 주문자 상표 부착(OEM) 방식으로 제조하여 국내 자동차 제조업체에 판매하는 업체로 창업했다. 당시 국내 자동차 제조업체 대부분이 차량용 음향기기를 계열사로부터 구매했기 때문에, A사도 해당 계열사 임직원들을 영입하여 생산 기능 중심으로 조직을 구성했다. 직원 63명 가운데 80퍼센트에 달하는 49명이 생산팀과 품질보증팀에 소속되어 있었고, 경영지원팀 직원 14명은 자재 구매에서부터 영업, 재무관리에 이르는 전반적인 경영지원 업무를 담당했다.

A사의 조직 구조가 변화하기 시작한 것은 대표이사인 L씨가 연구소 설립을 제안하고, 연구소장에 취임하면서부터이다.

"당시엔 무리한 감도 없진 않았죠. 이제 겨우 연매출 50억을 달성했는데 연구소를 설립하자고 하면 누가 좋아하겠습니까? 그렇다고 계속 카스테레오나 만들어서 납품하는 회사로 남아 있으면 결국 50억짜리 회사에 머무를 수밖에 없으니까, 뭔가 새로운 상품을 만들 필요가 있다고 생각했습니다. 2년 정도 축적한 기술도 있고……."

새로 설립된 연구소는 생산팀의 병역특례 산업기능요원들과 새로 채용한 전공자들로 조직됐다. 5명으로 출발한 초창기 연구소는 차량용 음향기기에 추가할 부가 기능을 연구했다.

그러나 연구소 설립 첫해인 2003년 매출은 전년 대비 16퍼센트 증가한 65억 원에 그쳤다. 2002년 매출 증가율인 56퍼센트에 비해 3분의 1에도 미치지 못하는 수치였다. 대표이사 겸 연구소장인 L씨는 문제의 원인을 연구소의 목적에서 찾았다. 연구소의 설립 목적은 이전 제품보다 더 좋은 제품을 연구, 개발하자는 취지였는데, 제품의 판매처가 이미 결정되어 있다보니 현실적으로는 품질 향상보다 납품기한 엄수에 몰두할 수밖에 없었던 것이다.

결국 A사는 국내 자동차 시장의 한계를 인식하고 새로운 시장에 진출하기로 결정했다. 그리고 2003년 11월, 연구소 산하에 신규사업팀을 조직했다. 신규사업팀에 주어진 첫 번째 임무는 '자체 역량으로 텔레매틱스 단말기를 개발할 수 있는가'를 평가하는 것이었다. 1개월에 걸친 분석 끝에 A사는 자체적으로 텔레매틱스 단말기를 개발·제조할 수 있다는 결론을 내렸고, 첫 번째 시제품이 나온 것은 그로부터 3개월 뒤였다. 그즈음 A사는 인력 3명을 보충했고, 연구원 총 8명 가운데 4명을 신규사업팀에 전격 배치했다.

최초 시제품이 나오고 2개월 만인 2004년 6월, 주문자 상표 부착 방식으로 최초의 텔레매틱스 단말기가 출하됐다. 기존의 차량용 음향기기와 더불어 텔레매틱스 단말기를 판매한 결과, 2004년 매출액은 150억 원으로 전년대비 130퍼센트 증가했으며, 당기 순이익은 7억 5,000만 원으로 매출액 대비 5퍼센트 수준이었다. 이것은 창업 이래 최고의 매출액 증가였으며, 다름 아닌 연구소와 신규사업팀 운영의 성과였다.

신규사업팀은 텔레매틱스 단말기 개발에서 멈추지 않았다. 2005년에는 3명의 경력직 사원과 4명의 신입사원을 채용하여 팀의 규모를 3배가량 확장했다. 업무 분야도 신상품 개발에서 말 그대로 신규사업 개발로 확장했다. 시장 변화에 맞춰 다양한 사업 분야를 연구하고 개척할 수 있는 조직으로 성격을 조정한 것이다.

첫 번째 결과는 기존의 주문자 상표 부착 방식을 탈피한 애프터 마켓* 진입이었다.

신규사업팀은 차량 출고 이후 장착할 수 있는 애프터 마켓의 규모가 출차와 동시에 장착되는 비포 마켓*에 비해 성장세가 높을 것으로 예상했다. 신규사업팀은 2개월에 걸친 연구 끝에, 국내 시장이 아닌 해외 시장에서 텔레매틱스 단말기 애프터 마켓의 가능성을 발견했다. 당시 국내에서는 고급 승용차의 기본 옵션으로 텔레매틱스 단말기를 장착했으나, 해외 시장에서는 선택 옵션의 성격이 한층 강했다. 또한 텔레매틱스 단말기를 자동차 제조업체에서 일괄 구매하는 국내와 달리 해외에서는 딜러에 따라 서로 다른 업체의 단말기를 자유롭게 선택하는 구조였다.

A사는 신상품 개발 과정에서 나타날 수 있는 연구개발부서의 변화 과정을 다각적으로 보여준다. 사업 초기에 연구개발부서는 새로운 기술을 도입하고, 그 기술에 따라 새로운 상품을 개발하는 기능만을 수행했다가 이후 시장 분석을 거쳐 활시위가 구부러지듯 공격적으로 움직였다. 사업 초기, 판매처가 확실하게 보장되어 상품 개발이 실패할 위험 부담이 적은 상황에서는 더없이 효과적인 조직 구조라고 할 수 있다.

그러나 A사는 텔레매틱스 단말기 개발에 착수하면서 주문자 상표 부착 방식을 포기했다. 불확실성이 큰 시장에서 자사 브랜드 부착 방식을 과감하게 선택한 것이다. 이와 같은 결정으로 A사는 스스로 시장 변화에 민감하게 반응해야 하는 상황을 만들었다.

자사 브랜드 부착 방식으로 제품을 생산하면, 제품 개발·제조에서

애프터 마켓after-market과 비포 마켓before-market : 차량이 출고되어 고객에게 전달되기 전까지의 과정에서 형성되는 시장을 비포 마켓이라고 한다. 이때 차량을 구입하기 전 차량 내부에 장착되는 제품, 즉 스테레오, 에어백, 네비게이션 등의 장착 여부를 고객들이 선택할 수 있다. 애프터 마켓은 이와 반대로 고객이 차량을 구입한 뒤, 소비자의 필요와 취향 등에 따라 차량에 필요한 제품들을 장착하는 시장이다. 애프터 마켓은 기존에 운행 중인 불특정 다수의 차량을 대상으로 별도 장착된 단말기를 통해 서비스가 제공되는 특징이 있다.

부터 판매에 이르는 모든 과정을 통합 관리해야 한다. 고객의 욕구와 시장의 동향 및 흐름을 제대로 파악하지 않으면 기업의 생존 자체가 위협받기 때문이다.

A사는 연구개발부서 산하에 신규사업팀을 조직하여 이에 대응했다. 타사의 연구개발부서가 신기술 도입과 신상품 개발에만 집중하는 동안, A사의 신규사업팀과 연구개발부서는 기존의 역할은 물론이고 시장 상황까지 촉각을 곤두세워 연구했다. 이는 기존 업무 영역을 한 단계 넓힌 개념이다. 업무 영역을 확장함에 따라 A사의 연구개발부서는 시장 변화에 더 적극적이고 유연하게 대처하면서 신상품 개발에 박차를 가했다.

과거의 방식은 유효하지 않다

B사는 휴대용 전화기의 핸즈프리 부품을 주문자 상표 부착 방식으로 제조하여 판매하던 기업이다. 직원 75명 가운데 64명이 생산팀과 품질보증팀에서 근무했다. 이 무렵까지는 생산 기능 중심의 조직 구조가 초기의 A사와 유사하다.

B사는 코스닥에 등록하면서부터 본격적인 성장의 길로 들어섰다. 이때부터 연구소를 설립하여 신제품 개발을 모색하는 등 기존의 핸즈프리 이외의 새로운 성장 동력을 찾기 시작했다. 핸즈프리 시장의 한계를 인식했을 뿐 아니라, 자체 브랜드의 고수익 제품 구조로 전환하는 것이 시급했기 때문이다.

B사는 12명의 연구 인력으로 연구소를 신설, 최초의 개발 품목으로 PDA를 선정했다. 2001년에 6억 원이라는 적지 않은 비용을 투입하여

PDA 개발에 나섰지만, 제품 상용화에 실패하면서 당기 순이익에 치명적인 악영향을 끼쳤다. 그러나 B사는 과감하게도 3명의 인원을 연구소에 추가 배치하여 새로운 제품, 즉 블루투스 핸즈프리와 휴대폰용 카메라 개발에 다시 착수했다. 그리고 이듬해 블루투스 핸즈프리와 휴대폰용 카메라를 시장에 내놓았다. 블루투스 핸즈프리는 이미 거래 관계가 성립된 기존의 주문자 상표 부착 방식으로 납품할 수 있었으나, 카메라는 시장 진입이 만만치 않았다. 당초 예상과 달리 기존의 디지털 카메라업체들과 대형 전자회사들이 시장 변화에 재빨리 대처했기 때문이다. 급격한 시장 요구의 변화와 그에 따른 경쟁자의 대응 전략을 파악하고 예측하는 데 실패한 결과이다.

2년에 걸쳐 3개의 제품 개발을 추진했으나 2개의 프로젝트에 실패한 B사는 2003년 5월, 텔레매틱스 단말기 개발에 뛰어들었다. 그동안 회사 역량을 고려하지 않은 채 시장성이 있다는 제품 개발에만 매달렸던 과실을 인식하고, 자사의 기술 역량과 관련 있는 네트워크 상품 가운데 텔레매틱스를 선정, 집중하기로 결정한 것이다. 따라서 텔레매틱스 단말기 개발은 B사의 사운을 건 프로젝트였다. 기존의 연구소 인력 15명에 경력직 사원 2명을 추가 채용했으며, 모든 인원을 텔레매틱스 단말기 개발 프로젝트에 집중하도록 했다. 6개월에 걸친 개발 끝에 B사는 시제품을 만들었고, 2004년 7월에 상용제품을 시장에 내놓았다.

이 과정을 종합해보면 B사는 연구개발부서의 조직을 변경하지 않은 상태에서 신상품 개발을 수행했음을 알 수 있다. 연구개발부서의 본질적인 임무이자 역할이라고 할 수 있는 신기술 도입과 신상품 개발에만 역량을 집중한 것이다. 그 결과 B사의 연구개발부서는 신상품에 대한 시장의 반응이나 변화에 어두울 수밖에 없었고, PDA와 카메라 모듈 개발 등의 프로젝트에서 잇따라 실패할 수밖에 없었다. B사의 사례는 디지털 컨버전스 시장처럼 활발하게 변동하고 불확실성이 큰 시장에서 기업 내 조직의 임무나 기능을 관성적으로 운영하는 것이 얼마나 위험한지 잘 보여준다.

시장 변화를 파악하는 능력은 기업의 필수요소지만, 이와 더불어 한 가지 분명히 해야 할 것이 있다. 시장을 알고도 나를 몰라 우왕좌왕할 것인지, 아니면 나를 바꿀 방법까지도 섭렵할 것인지 말이다. 위의 두 회사 사례를 기초로, 기업을 유연하게 하는 5가지 지침을 정리해보면 다음과 같다.

첫째, 시장 변화와 기술 개발의 연결고리를 찾아라

새로운 기술을 도입하고 신상품을 개발하는 동시에 시장의 반응이나 고객의 요구를 지속적으로 파악해야 한다.

A, B 두 기업의 사업 영역이 달라진 현상은 연구개발부서의 유연성 차이에서 비롯된다. A사의 연구개발부서는 신상품 개발뿐 아니라 새로운 시장을 끊임없이 탐색하고, 자사의 미래 사업 영역을 설정하는 역할까지 수행했다. 반면, B사의 연구개발부서는 오로지 기술 도입과 신상품 개발에만 주력했다.

이 같은 역할의 차이는 A사가 연구개발부서 내에 신규사업팀이라는 새로운 형태의 조직을 구성한 것에서부터 드러난다. A사의 신규사업팀은 연구개발부서의 직속 조직이기 때문에 기술에 대한 이해가 높을 뿐만 아니라, 신상품 개발 이외에도 전반적으로 회사가 추진하는 모든 사업과 밀접하게 연계되어 있었다. 따라서 시장의 반응과 기술 개발 사이에서 연결고리 역할을 충분히 수행할 수 있었다.

어떠한 기업이든지 신제품 개발에는 반드시 신중을 기해야 하며, 자사의 역량을 철저히 분석한 뒤에 결정해야 한다.

A사는 텔레매틱스 시장의 성장성을 파악한 뒤, 신규사업팀을 통해 자체 역량으로 텔레매틱스를 개발할 수 있는가를 정밀분석했다. 돌다리를 두드리며 건너듯 기업 역량과의 정합성을 확인함으로써 성공적으로 텔레매틱스 시장에 진입할 수 있었다.

반면 B사는 PDA, 블루투스 핸즈프리, 휴대폰용 카메라 개발 프로젝트를 잇따라 실패하면서 시간적으로나 경제적으로 막대한 손실을 입었다. 자사의 역량에 대한 검증이 부족한 상태에서 신기술 도입과 신상품 개발에만 집중했기 때문이다. 당시 B사가 개발에 실패한 제품들은 지금도 상당히 유망한 품목이 분명하지만, 기업 역량을 고려하지 않고 기술 개발에만 매진한 탓에 B사는 오랜 기간 뼈 아픈 회복기를 거쳐야 했다.

미국의 3M 사는 성장 원동력을 꾸준히 유지하는 혁신적인 기업의 대표적인 예로 언급된다. 3M 사는 전체 생산품 중 최근 5년간의 신상품 비중을 20퍼센트 이상 유지하기 위해 노력한다.

앞에서 살펴본 A, B 두 회사 모두 비슷한 시기에 텔레매틱스 단말기 개발에 성공했으므로 각 기업의 제품 포트폴리오에 텔레매틱스를

A사				B사			
차량용 음향기기	PMP	텔레매 틱스	MP3	핸즈 프리	임대	텔레매 틱스	충전기
35%	12%	45%	8%	74%	16%	6%	4%

<표 2-1> A사와 B사의 제품 포트폴리오

추가할 수 있었다. 그런데도 〈표 2-1〉에서 볼 수 있듯이 두 회사의 매출액을 구성하는 제품 포트폴리오를 보면 신상품 비율에서 상당한 차이가 있다.

B사의 경우 2006년 현재 제품 라인업을 텔레매틱스 단말기로 확장했지만, 기존의 주력상품인 휴대폰용 핸즈프리가 매출액에서 차지하는 비중이 아직도 70퍼센트 이상인 반면, 텔레매틱스 단말기는 6퍼센트에 그치고 있어 기존의 상품과 신상품의 비율 차(약 10 대 1 정도)가 크다. 그에 반해 텔레매틱스 신상품 비율을 45퍼센트 수준까지 끌어올린 A사의 경우, 기존의 차량용 음향기기와 신상품인 텔레매틱스의 비율이 거의 대등하다.

이 두 회사의 비교는 새로운 시장과 기술에 유연하게 반응하는 조직과 그렇지 못한 조직 사이에 상품 라인업에 차이가 있고, 이것은 나아가 혁신 제품을 통한 성장 원동력의 차이로 확대된다는 사실을 보여주는 사례이다.

넷째, 경영자는 눈과 귀를 열고, 변화를 수용하라

대부분의 중소기업은 최고경영자를 중심으로 단순하게 조직되어 있다. 창업자와 소유주 그리고 최고경영자가 같은 사람인 경우가 많기 때문에, 대부분 최고경영자가 단독 의사결정을 한다. 이러한 특징은 최고경영자의 의지와 결정이 중소기업에서는 곧 회사 전체의 방향이 된다는 것을 의미한다. 따라서 중소기업에서는 최고경영자의 성향과 특성에 따라서 조직 구조의 유형이 결정된다.

A사 대표는 시장과 고객의 사소한 변화까지도 감지하기 위해 부단한 노력을 기울였으며, 시장 변화를 효과적으로 분석하여 그에 대응할 수 있도록 유연한 조직 구조를 구축했다. 즉, '시장과 고객의 소리에 항상 귀를 기울여라' 라고 하는 경영학의 금언을 실천한 것이다. 이러한 노력을 통해 A사는 불확실한 시장 환경과 고객의 변화에 효과적이고 유연하게 대응할 수 있었다.

반면, B사 대표는 고객과 시장의 소리에 귀 기울이기는 했으나, 디지털 융합상품 시장의 특성을 간과했다. 유연한 조직 구조를 갖추기보다는 지금껏 그래왔듯이 상품의 원가를 최소화함으로써 일종의 박리다매를 취하는 데 비중을 두었다. 즉, 불확실성이 큰 디지털 융합상품 시장의 특성을 제대로 파악하지 못한 채 기존의 제품 포트폴리오를 유지하고 원가 절감에만 주력함으로써 시장과 고객의 요구에 제대로 대응하지 못했다. 결과적으로 B사는 기존의 연구개발부서를 바탕으로 기업의 역량을 원가 절감에만 집중한 셈이다.

이처럼 기업의 대표가 시장의 불확실성을 이해하는 정도 차이가 연구개발부서의 조직 구성 차이를 불러왔고, 조직 구조의 미묘한 차이가 디지털 융합상품 시장에서 각 기업의 성장 격차를 불러왔다. B사의 원가 절감보다는 A사의 조직 구조 개편이 장기적으로 더욱 큰 효과를 가

저온 것이다.

불확실한 시장에서 고객의 사소한 반응과 변화까지도 감지하여 이에 신속하게 대응하려는 최고경영자의 의지와 이를 뒷받침하는 유연한 조직 운영은 디지털 융합상품 시장에서 중소기업이 살아남을 수 있는 열쇠가 된다.

클레이튼 크리스텐슨(Clayton Christensen) 하버드 경영대학원 교수는 '혁신자의 딜레마'를 '혁신에 성공하면 시장을 지배할 수 있지만 더 새로운 혁신을 창출하지 못하면 또다시 시장에서 멀어진다'고 말했다.

A사의 경우 시장의 흐름을 면밀하게 관찰할 수 있는 연구개발부서를 구축하고 그 안에 별도의 임무와 성과 체계를 가진 신규사업팀을 만들었다. 이 팀은 A사가 텔레매틱스 제품을 성공적으로 론칭(launching)한 후에도 PMP나 MP3 플레이어 등 관련 융합상품으로 발 빠르게 움직이는 원동력이 됐다.

반면 B사는 기존의 핸즈프리 사업과 관련된 충전기 또는 별 관련 없는 임대사업 쪽으로 제품 포트폴리오를 구축하고 신상품 개발팀을 기존 조직 구조의 동일한 시스템으로 운영한 탓에 성장 동력을 잃고 말았다.

결국 디지털 융합상품 시장에 성공적으로 진입하더라도, 성장을 지속하기 위해서는 항상 색다른 변화를 구상해야 함을 잊어서는 안 된다. 끊임없는 변화를 추구할 수 있는 유연성이야말로 조직의 생명력이다.

유연한
조직 구조 전략

불확실성 속에서 살아남는 법

기업의 입장에서, 기존 상품과 전혀 다른 형태의 혁신적 상품을 개발하는 일은 곧 예측 불가능한 미래에 대한 도전이다. 예측할 수 없는 시장에 도전함으로써 기업은 기존의 사업 영역보다 수익성이 높은 시장으로 진입할 수 있다.

앞서 살펴본 두 기업이 조직 구조 차이로 빚어낸 사례는 불확실성이 큰 시장에서 중소기업이 혁신적인 상품을 개발해야 하는 상황에 처해 있을 때 참고할 만하다.

로렌스(P. R. Lawrence)와 로쉬(Lorsch)의 상황이론(Contingency Theory, 1967)에 따르면 불확실성이 높은 시장에서 기업은 개략적이고 유연한 조직 구조를 취하는 것이 유리하다. 그러나 중소기업의 경우 인력 수급의 문제에 부딪혀 결과적으로 유연한 조직 구조를 취하는 데 어려움이 많다.

A사는 기존 조직 구조를 정밀하게 유지하는 동시에, 기존 조직과는 확연하게 구별되는 새로운 시스템으로 연구소를 설립했다. 기업의 모든 조직을 급속도로 변화시키는 것이 아니라, 연구소 내에 신규사업개발팀을 두어 유연하게 움직여야 하는 조직을 별도로 운영했다. 따라서 시장의 반응에 유연하게 대처할 수 있는 기능을 유지할 수 있었다.

반면 B사는 신상품을 개발하여 시장에 진입하는 과정에서도 본래의 조직 구조만을 고집하여 시장 변화에 대처할 수 있는 능력을 상실하고 말았다. 텔레매틱스 단말기라는 새로운 상품을 개발하기 전에는 B사가 기업 규모나 기술력 측면에서 A사보다 앞서 있었다. 그런데도 텔레매틱스 시장에서 고전하는 이유는 "불확실성이 높은 융합 정보기기 시장에서 고객과 시장의 변화에 유연하게 대처할 수 있는 조직 구조를 채택했는가?" 라는 물음에서 찾을 수 있다.

두 기업의 사례에서 알 수 있듯이, 혁신적인 신상품을 개발하려는 기업이라면 시장과 기술에 대한 깊은 이해를 바탕으로, 사업 영역과 연구개발 영역을 총괄할 수 있는 역량과 시장 상황의 변화에 따라 신속하게 대응할 수 있는 유연한 조직이 절대적으로 필요하다. 아무리 아이디어가 좋고 기술력이 뛰어나다고 해도 시장과 고객 앞에 선보이기에 앞서 먼저 소화해야 할 사람은 조직 구성원들이기 때문이다.

F lexibility

U niqueness

S tylish

S ynergy

I nnovation

O riginality

N etwork

2장

차별화를 무기로 공룡과 맞서라

> **"** 소비자는 이제 눈을 뜨기 시작했다. 사회적으로 소득이 높아지고 문화가 풍요로워질수록 소비 주체로서 스스로를 자각하게 된다. 자아에 눈뜬 소비자는 필연적으로 차별화 욕구를 갖는다. 자기만의 독특한 것을 찾는 심리 기저에는 획일화된 유행에서 비롯된 권태와 이를 벗어나려는 자아추구의 심리가 깔려 있다. 이렇듯 소비자의 개성은 제품의 차별화 욕구로 이어지면서 구매 선택에 매우 중요한 요소가 됐다. **"**

차별화의 힘

차별화로 1등을 뛰어넘는다

미국 렌터카 2위 업체였던 에이비스(Avis) 사는 '우리는 2등이기에 다릅니다'라는 모토로 전세를 역전시키는 데 성공했다.

과거 미국의 렌터카 시장에서는 허츠(Hertz) 사가 굳건한 1위였다. 중소기업들이 각 주별로 렌터카 시장을 공략했으나, 미국인들은 '렌터카' 하면 '허츠'를 연상할 만큼 허츠 사의 브랜드 인지도는 쉽사리 뛰어넘을 수 없는 장벽이었다. 이에 위기를 느낀 에이비스 사는 마케팅 전략을 수정했다.

우리는 2등이기에 고객이 기다리지 않게 합니다.

우리는 2등이기에 같은 가격에 좀더 좋은 차를 제공합니다.

우리는 2등이기에 더 나은 서비스를 할 수밖에 없습니다.

(에이비스 사의 광고 카피 중에서)

고객은 에이비스 사의 솔직하고 차별화된 접근에 반응을 보이기 시작했다. 결국 브랜드 인지도까지 덩달아 오르며 영원할 것 같던 허츠의 아성을 위협했다. 이렇듯 1위를 따라잡는 것에만 만족하지 않고 그것을 뛰어넘기 위해서는 나만의 차별화된 무기가 반드시 필요하다. 차별화가 고객에게 새로운 만족을 준다면 1위를 넘어서는 기회는 반드시 온다.

요즘 고속도로의 휴게소만 봐도 과거에 비해 무척 달라진 양상에 놀라게 된다. 우동 한 그릇과 신나는 고속도로 메들리만 떠오르던 예전의 휴게소와는 많이 바뀌었다. 그야말로 휴게소의 개성시대이다. 얼마 전 필자도 고속도로의 한 휴게소에 들른 적이 있는데, 1층에 체지방을 측정할 수 있는 시설이 있어서 이용하려는 사람들이 길게 줄을 서고 있었다. 체지방, 혈압 등 기본적인 건강 수치를 잴 수 있는 기기를 구비하고 간단한 건강상담 서비스를 제공하는 것은 물론이고, 야구연습장, PC방, 휴게텔, 이발소까지 갖춘 휴게소도 있다.

많은 이들에게 잘 알려진 금강휴게소는 얼마 전 150억 원이 넘는 비용을 들여 새로 단장했다. 옆에 흐르는 금강의 수려한 경치와 어우러져 한강변의 고급 카페를 연상케 하니, 휴게소 자체가 관광명소가 될 정도이다.

이러한 휴게소의 노력들은 휴게소가 포화상태인 데다 고속철도의 개통으로 교통량도 줄고 불황까지 겹치면서 '차별화하지 않으면 살아남기 힘들다'라는 절박함에서 나온 몸부림이다. 시장이 축소되고 경쟁이 치열해지는 상황을 차별화를 통해 극복해나가는 것이다.

나만의 세상을 꿈꾸는 개성천국

이러한 차별화 경쟁은 소비자의 성숙과 그 궤를 같이한다. 현명해진 소비자들은 좀더 객관적이고 예리한 시각으로 기업이나 제품을 평가하고, 자신에게 더 큰 혜택을 줄 기업과 제품을 선택한다. 또한 국내외 경제 성장과 더불어 개개인의 살림살이가 나아지면서 개성을 추구하고, 이를 통해 자신의 정체성을 만들어가는 사람들이 늘고 있다. '자기중심적 소비심리(I' dividualism)'는 정체성(Identity)과 개인주의(Individualism)를 합친 말로 유행에 휩쓸리지 않고 자기 정체성을 지키려는 태도를 의미한다. 즉 자신만의 개성을 추구하는 소비자 트렌드의 상징적 표현이다.

요즘 유행하는 UCC(User-Created Contents)도 개성을 강조하는 미디어 소비자를 타깃으로 한다. 국내에서도 최근 다음(DAUM), 네이버(NAVER) 등의 대표 포털업체를 중심으로 UCC 시장을 선점하기 위한 주도권 경쟁이 치열하게 전개되고 있다.

이제 소비자들은 규격화된 콘텐츠를 수동적으로 받아들이기를 거부한다. 오늘날 많은 소비자들은 자신만의 독특한 취향과 생각을 확립하고 있다. 문화 생산자와 소비자의 경계가 무너지는 것이다. 따라서 독특한 디자인과 차별화된 자신만의 개성으로 무장하는 것이 결코 튀는 행동이 아닌 시대가 됐다.

또 다른 예로 인터넷 동호회에서 유행하는 키워드 '튜닝(tuning)'이 있다. 제품의 장르와 종류를 불문하고 튜닝은 마니아 사회의 필수요소가 되고 있다. 자동차와 오디오는 물론이고, 인라인스케이트와 자전거까지 나만의 물건을 만드는 대상이 확대되고 있다. 예전에는 그냥 타고 다니는 것만으로도 차별화가 됐던 수입차도 이제는 튜닝이 기본이 됐을 정도이다.

소비자는 이제 눈을 뜨기 시작했다. 사회적으로 소득이 높아지고 문화가 풍요로워질수록 소비 주체로서 스스로를 자각하게 된다. 자아에 눈뜬 소비자는 필연적으로 차별화 욕구를 갖는다. 자기만의 독특한 것을 찾는 심리 기저에는 획일화된 유행에서 비롯된 권태와 이를 벗어나려는 자아추구의 심리가 깔려 있다. 이렇듯 소비자의 개성은 제품의 차별화 욕구로 이어지면서 구매 선택에 매우 중요한 요소가 됐다. 바꿔 말하면 기업과 제품이 어떤 차별화 전략을 취하느냐에 따라 성패가 좌우되는 시대가 온 것이다.

1등을 하길 원한다면 1등이 1등 하는 이유를 아는 게 중요하다. 하지만 2, 3등이 어떤 노력과 전략을 통해 1등을 차지하는지 안다면 더욱 소중하고 값진 정보가 될 것이다. 도저히 이길 수 없을 것 같은 골리앗을 쓰러뜨릴 가장 강력한 무기는 바로 차별화이다.

그렇다면 무엇을 어떻게 차별화해야 하는가? 벤처기업으로 출발, 대기업이 굳건히 버티고 있던 휴대폰 시장에 뒤늦게 진입하여 제품 차별화에 성공한 팬택계열의 사례를 살펴보자. 팬택계열은 기술, 마케팅, 조직의 다양한 분야에서 어떠한 차별화를 꾀해 대기업과의 격차를 줄이려고 했을까?

마음을 움직이는 차별화 제품

휴대폰의 트렌드

팬택계열 얘기에 앞서, 먼저 휴대폰 산업의 특징을 살펴보자. 국내 휴대폰 단말기의 디자인과 R&D(기능) 트렌드는 〈표 2-2〉에서 보는 바와 같이 이동전화 서비스의 진화 단계와 관련이 깊다.

초기 이동전화 서비스는 아날로그 방식으로, 국내에서는 1984년에 시작됐다. 휴대폰을 이용하는 데 드는 비용이 막대할 뿐 아니라, 수용 용량도 적어 휴대폰 보급률은 미미했다. 이후 디지털 방식으로 1997년에 PCS가 제공되면서 음성 및 단문 메시지(SMS) 등의 저용량 데이터 서비스가 제공됐다. 얼마 전까지 휴대폰 단말기의 주사용 목적은 음성통화였으며, 단말기의 디자인과 기능 측면에서 뚜렷한 트렌드를 찾아볼 수 없었다. 대부분 모양이 비슷했으며 기본적인 통화품질이 주요 구매 요인이었다.

이후 휴대폰 관련 기술이 급성장함에 따라 2000년에 이르러 기존의 음성 위주의 서비스에서 탈피했고, 고속 데이터와 영상 서비스까지 가능한 무선 멀티미디어 서비스가 시작됐다. 이 시기 휴대폰 단말기에는 다양한 멀티미디어 콘텐츠와 카메라, MP3, 전자수첩, 금융결제 기능 등이 구현되어 휴대폰 단말기 기능의 컨버전스화는 본격적인 전환을 알렸다. 특히 카메라폰은 〈표 2-2〉에서 보는 것처럼 2004년 전체 시장의 30퍼센트에 육박할 정도로 경쟁이 치열했다.

휴대폰 디자인은 다양한 부가 서비스와 콘텐츠로 폴더형과 슬라이드형이 주류를 이루었으며, 일부 제품은 카메라와 캠코더 기능을 감각적으로 구현하기 위해 액정 회전형(스윙형)과 캠코더형으로 출시됐다.

현재는 디지털 멀티미디어 방송과 유·무선을 통합한 초고속 멀티미디어 서비스가 제공되고 있다. 생체인식폰, 게임폰, DMB폰이 출시되어 휴대폰 단말기 기능의 컨버전스가 더욱 가속화됐다. 특히 2006년 상반기에는 DMB가 수도권 일부 지역에 방송됨에 따라 국내 휴대폰 단

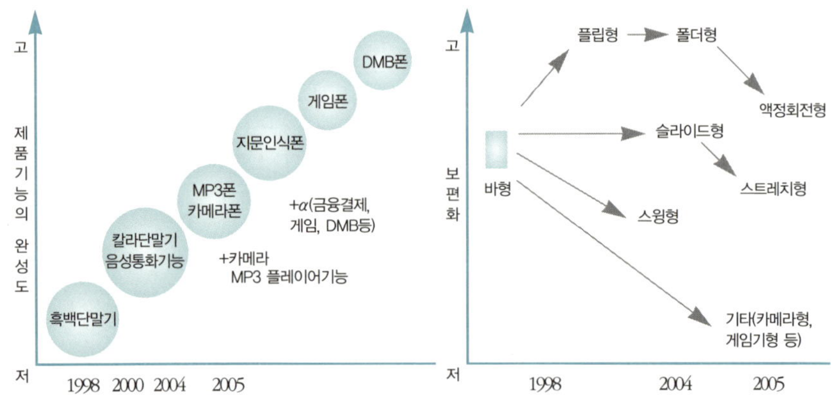

〈표 2-2〉 국내 휴대폰의 R&D와 디자인 트렌드

말기 생산업체 경쟁에 불이 붙었다. 따라서 최근의 휴대폰 디자인은 방송과 게임 등을 보고 즐기고자 하는 욕구와 맞물려 액정이 커지고 게임과 방송 시청이 유리한 슬라이드형과 스윙형이 주류를 이룬다.

차별화에도 유행이 있다

〈표 2-3〉에서 보듯이 팬택계열은 평균 두 달에 한 번씩 꾸준히 신상품을 내놓았다. 차별화 지점에 따라 기능적 차별화 제품과 정서적 차별화 제품 그리고 이 둘을 모두 이용한 총체적 차별화 제품으로 구분된다.

2004년 후반기까지는 새로운 기능으로 소비자에게 어필하는 기능적 차별화 제품과 디자인 등으로 고객 감성에 어필하는 정서적 차별화 제품군을 비슷한 비율로 출시했다. 이 시기는 카메라폰의 화소 수 및 기능 경쟁이 심화되던 때이다. 그래서 더 높은 화소 수, 더 향상된 기능의 컨버전스 휴대폰을 지속적으로 시장에 선보이는 것이 관건이었다.

2004년 후반기부터 2005년 상반기까지는 정서적 차별화 제품 또는 총체적 차별화 요소를 모두 포함하는 컨버전스 휴대폰을 주로 출시했

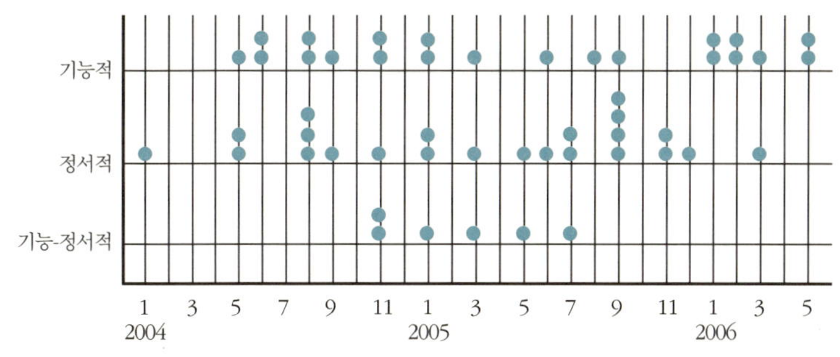

〈표 2-3〉 팬택의 월별 출시 제품군

다. 이미 MP3 기능 및 고화소의 디지털 카메라 장착이 보편화된 후 외관에 변형을 준 휴대폰, 즉 MP3 플레이어의 형태와 비슷하거나 캠코더, 디지털 카메라의 외형을 지닌 컨버전스 휴대폰이 출시됐다.

2006년 상반기에는 DMB 기능이 추가된 휴대폰이 출시되면서 다시 기능적 요소를 강조하는 경향이 두드러졌다. 멀티미디어 기능에 대한 시장의 요구에 따라 등장한 PMP(Portable Multimedia Player) 기능이 통합된 휴대폰이 대표적인 예이다.

즉, 팬택계열은 새로운 기술이 적용되는 시기에는 세계 최초, 최신 기능을 강조한 휴대폰을 적극적으로 개발했으며, 그 밖의 시기에는 고객의 감성을 자극할 수 있는 제품 개발을 선택했다. 소비자들에게 기술적 차별화를 통한 기술 선도 기업의 이미지를 넓혀감과 동시에 디자인과 외관 등의 감성적 콘셉트도 계속 유지해나가는 전략을 취한 것이다. 이를 위해서는 디지털 컨버전스 휴대폰이라는 트렌드에 걸맞은 기술적 완성도가 필요했다. 후발업체인 중소기업으로서는 고객들의 기술적 신뢰를 확보하는 것이 최우선이었기 때문이다. 특정 기능의 융합이 보편화된 최근에는 팬택의 장점인 독특하고 참신한 디자인 및 감성을 자극하는 제품 콘셉트로 소비자들에게 다가섰다. 소위 하이테크 제품, 프리미엄 제품의 이미지를 동시에 추구한 것이다.

이는 중소기업의 장점인 발 빠른 의사결정과 뚜렷한 기업 목표의식이 있었기에 가능했다. 팬택은 디지털 컨버전스라는 외적 환경의 변화에 적절히 대응하며 뛰어난 전략적 적합성으로 자신만의 시장 영역을 개척해나갔다. 그렇다면 이러한 전략적 적합성과 순발력이 실제 제품 개발에 어떻게 적용됐는지 살펴보자.

최초의 의미 : 기능적 차별화

팬택계열은 지문 인식, 체온계, 문자·음성 인식 등 생체 인식과 관련하여 세계 최초 타이틀을 지닌 휴대폰을 꾸준히 출시했다. 그러던 중 레저와 웰빙에 대한 소비자들의 뜨거운 관심을 겨냥해 동작 인식폰을 개발하는 프로젝트에 착수했다. 이렇게 해서 개발된 휴대폰이 세계 최초의 동작인식폰 PH-S6500이다.

〈사진 2-1〉의 PH-S6500은 국내 최초로 3D 센서를 내장한 모델로 팬택계열이 누구보다 먼저 새로운 기술을 적용한 제품을 출시하고자 하는 전략의 대표적인 제품이었다. 디지털 컴퍼스, 고도 및 기압 측정 기능, 러닝메이트 기능 그리고 3D 게임 기능 등을 제공한다.

신제품의 성공 개념은 개발 전략에 따라 약간 차이가 있을 수 있다. LG 초콜릿폰이나 삼성 블루블랙폰처럼 엄청난 판매대수를 기록한 제품은 당연히 성공한 제품군에 속한다. 그러나 PH-S6500처럼, 판매는 비록 대박은 아니지만 기술적 신뢰도를 소비자에게 인식시키기 위해 만든 제품은 적절한 시기에 착오 없이 개발하여, 시장에 출시하는 것 자

〈사진 2-1〉 PH-S6500

체가 성공이라고 평가할 수 있다.

PH-S6500의 개발 과정에서 가장 문제가 된 것은 기존에 없던 기능을 개발함으로써 발생할 수 있는 시행착오였다. 처음 부딪힌 문제는 자석의 영향에서 비롯된 오동작이었다. 자동차 핸즈프리같이 휴대폰 주변에 있는 지구자기보다 상대적으로 강한 자석이 오작동을 일으키는 원인이 됐다. 이 문제는 하드웨어팀과 소프트웨어팀이 머리를 맞대고 고민한 끝에 3D 센서가 미세한 지구자기의 세기 정도에서만 반응하도록 조정하여 해결했다. 지자계 센서의 오작동을 막기 위해 칩 역시 내부를 모두 뒤집어 장착했다. 그러나 그것으로 모든 문제가 해결된 것은 아니었다.

처음 PH-S6500을 개발할 때 가장 중시한 것은 만보계 기능이었다. 만보계 기능은 언제나 켜져 있어야 하기 때문에 끊임없이 전류를 소비하여 휴대전화 배터리를 금방 소모시킨다.

휴대폰의 통화대기시간이 긴 이유는 통화를 하지 않는 경우 5.12초마다 100미리세컨드(0.1초) 동안만 휴대폰이 깨어 있고 나머지 시간은 '슬립(sleep)' 모드로 전환하여 배터리를 거의 소모하지 않기 때문이다. 그런데 만보계 기능을 사용할 경우 항상 휴대폰이 켜져 있어야 하기 때문에 사용 시간이 고작 10시간도 못 미친다는 문제가 발생했다. 만보계의 특성상 특정 시간만 켜둘 수도 없는 노릇이므로 결국 찾아낸 해답은 만보계를 러닝메이트로 바꾸는 것이었다. 아무리 오래 뛰는 사람이라도 러닝메이트를 최대 2시간 이상 사용하지 않는다는 특성에 맞춘 것이다. 러닝메이트의 부속칩 회사에서도 처음 접근하는 폰이었던 만큼 문제가 발생할 때마다 팬택계열과 거래 회사 사이를 몇 번씩 오가며 시간과 노력을 쏟았다.

데이터는 부정확하고 예정된 출시일자는 다가오는 가운데, 칩에 관한 솔루션을 팬택계열에서 직접 맡자는 의견이 나왔다. 그런데 솔루션 개발과 관련하여 가장 큰 문제는 비교 기준이 없다는 것이다. 당시 전자식 만보계는 시장에 없었기 때문에 수동 만보계와 비교할 수밖에 없었다. 휴대폰과 수동 만보계를 몸에 차고 1시간을 걸은 뒤, 휴대폰과 수동 만보계의 결과를 비교하여 오차의 허용범위에 대한 기준을 품질평가팀에서 정하고 그 기준에 맞추어 개발을 진행하는 방식이 최선이라고 판단했다.

휴대폰의 주요 특성에 대한 기준은 IS-98 규격에 정의되어 있으나 이는 최소한의 기준일 뿐이고 실상은 제조사마다 자사의 기준을 가지고 개발하고 있다. 팬택도 품질평가팀에서 나름의 기준을 수립하는 것이 시급했다. 사용자의 사용 환경에 따른 오차도 다를 뿐더러 성능 기준이 우선적으로 수립돼야 했다. 즉 바지주머니에 넣느냐, 손에 들고 다니느냐, 허리에 차느냐, 팔에 부착하느냐에 따라 오차가 다르고 성별과 키, 체형, 활동성 등도 오차범위를 넓히는 원인으로 작용했다.

다른 기능에 비해 나침반과 고도계는 비교적 쉽게 진행할 수 있으리라 예상한 부분이었다. 그러나 곧 나침반과 고도계가 제품 신뢰성에 타격을 줄 수 있으니 제외하자는 의견이 나오기 시작했다. 오차범위가 너무 컸던 것이다. 고도계의 오차범위를 측정하기 위해 1~2주 동안 여의도 공원 국기대 밑을 맴돌거나 63빌딩을 오르거나 남산과 북한산을 오르내리며 모니터했다. 나침반 오차의 경우는 일본에 가서 전문 기술자를 초빙하기도 했다.

동작인식폰을 테스트하기 위해 연구원들이 직접 한 대 또는 여러 대를 몸에 지닌 채 제자리에서 뛰고, 걷고, 오르락내리락했으며 출퇴근 시간까지도 테스트하는 데 활용했다. 심지어 운동할 때에도 테스트를 진행했다. 결국 연구원들의 노고 끝에 오차를 최소화할 수 있는 보편적인 범위를 찾아내는 데 성공했다.

품질평가팀이 성능 기준을 수립한 이후, 개발 프로세스에 본격적으로 탄력이 붙기 시작했다. 이 휴대폰은 2004년 9월에 개발이 완료됐으며, 8건의 특허를 출원했다.

기존에 없던 기능을 탑재한 기술적 차별화 제품을 개발할 때는 적시에 제대로 된 제품이 출시되는 것이 관건이다. 그러기 위해서는 새로운 기능과 기술에 대한 나름의 성능 평가 기준을 최대한 빠른 시간에 수립하는 것이 성공의 필수요건이 된다. 소비자는 회사가 여유를 가지고 성능 기준을 확립할 때까지 기다려주지 않는다.

마음을 움직이는 상품 : 정서적 차별화

〈사진 2-2〉의 PG-K4500은 듀얼 26만 TFT-LCD를 적용하여 내부는 물론 외부 LCD를 통해 다양한 컬러 콘텐츠를 즐길 수 있는 제품이다. 또한 국내 최초 레인보우 플래시를 내장해 무지개색 플래시와 7가지 각기 다른 색으로 필터 효과를 주므로 다양한 연출 효과를 낼 수 있다. 또한 180도 고성능 중앙 회전형 카메라는 국내 최초로 가운데를 밀어올리는 형태로 디자인되어 제품 출시와 동시에 시장에서 타 모델을 견인하는 리더가 되었다. PG-K4500은 디자인적 요소인 외관 형태가 제품 성공에 중요한 요소로 작용한 대표적인 정서적 차별화 제품이다.

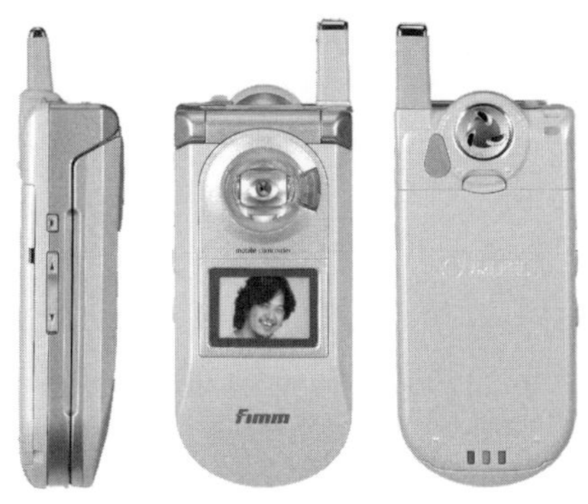

〈사진 2-2〉 PG-K4500

"소비자에게 아첨하지 말라."

소니(SONY)의 히트 상품 개발을 주도했던 구로키 야스오(黑木靖夫)가 밝히는 기획력 중 하나는 트렌드를 감지하되 독단적으로 디자인하는 것이다. 즉, 소비자에게 아첨하는 것이 아니라 소비자가 스스로 다가오게 하는 전략이다. 고객보다 한 걸음 먼저 가서 자리를 깔고 고객을 데려오는 것이다.

PG-K4500의 경우 상품기획실 직원이 일본 전시회에서 카메라의 LED 플래시를 보고 이에 착안하여 개발에 착수하기 시작했다. 그는 귀국하자마자 하드웨어팀과 만나 LED가 새로운 트렌드가 될 것 같다는 전망을 주고받았고, 바로 준비 중이던 제품에 LED를 적용하기로 했다.

LED를 카메라 플래시로 사용할 경우, 발광할 때마다 전류를 많이 소비하게 되고 이것이 휴대폰의 사용 시간을 단축하는 원인이 되므로 발광 시간을 최소화할 필요가 있었다. 일반적으로 카메라 촬영 시 셔터 속도가 1/60초 정도이고 이것은 17미리세컨드(0.017초) 정도에 해당한다. 촬영에 필요한 17미리세컨드의 전후에 버퍼타임(buffer time)을 수미리세컨드(0.001초) 정도로 짧게 설정하고 실험해보았다.

실험 결과 LED 자체가 최대 밝기로 발광을 하는데도 깨끗하게 촬영되지 않는 경우가 발생했다. 따라서 제품의 품질 불량을 최소화하기 위해서는 버퍼타임을 충분히 확보할 필요가 있었다. 발광 시간을 100미리세컨드(0.1초) 정도로 조정하여 실험한 결과, 품질 불량을 없앨 수 있으며 배터리의 사용 시간에도 크게 악영향을 미치지 않는다는 결론을 내렸다. 그렇게 해서 태어난 것이 디카룩의 새로운 컨버전스 휴대폰 PG-K4500이다.

LED를 활용한 설계는 플래시가 무지개의 일곱 빛깔을 낼 수 있도록 해서 소비자들의 다양한 감성을 자극했다. 그러나 팬택계열은 LED라는 기술을 전면에 내세우기보다는 사용자에게 제공할 수 있는 색다른 종류의 감성 코드를 모색했다. 따라서 최초의 LED 장착 휴대폰이라는 사실보다는 일곱 빛깔 플래시가 가능한 디카폰이라는 콘셉트로 출시했다.

더불어 이 제품은 외관이 제품 성공에 중요한 요소로 작용했다. 어느 누구도 180도 회전하는 카메라가 장착된 휴대폰을 연상하지 못했을 때 등장한 이 모델은 시장에서 이슈가 됐고, 이후 타 모델의 유행을 주도하게 됐다. 180도 회전하는 카메라의 독특한 외관은 사용자들이 원하는 각도와 위치에서 촬영을 하는 데 유용했다. 결과적으로 제품에 대한 시장 반응은 만족스러웠으며, 뜨거운 호응 속에 30만 대 이상이 팔려나갔다.

변화에 대한 열린 마인드 : 총체적 차별화

〈사진 2-3〉의 GI-100 모델은 세계 최초로 생체인식 보안 시스템을 구현

<사진 2-3> GI-100

하는 지문인식 기능을 자랑한다. 또한 당시 휴대폰 시장의 확실한 트렌드였던 메가픽셀 카메라폰을 국내 최초로 적용한 제품이기도 하다. 지문인식 기술을 적용, 세상에서 단 하나뿐인 '나만의 폰'이라는 정서적 요인을 자극했을 뿐 아니라, 세계 최초의 지문인식 기술과 국내 최초의 메가픽셀 카메라가 탑재된 제품으로 기능적 차별화를 함께 고려한 대표적인 총체적 차별화 제품이다.

2004년 9월부터 러시아에 공급된 GI-100은 현지 판매가격이 510달러가 넘는 초고가 제품인데도 불구하고 월 평균 16만 대 이상 팔려나가며 돌풍을 일으켰다. 바로 지문을 이용한 '나만의 폰'이 주는 고급스러움을 강조했기 때문이다. 세계 60억 인구 중 어느 누구도 다룰 수 없는 나만의 휴대폰이라는 콘셉트가 과시욕 강한 러시아 시장에서 특히 호응을 얻었다.

이 폰이 처음부터 지문인식 기능을 장착했던 것은 아니다. 2004년 기획·개발 단계에서는 '메가픽셀 카메라폰'이라는 부분에만 초점이 맞춰져 있었다. '메가픽셀'은 큰 과제이자 확실한 트렌드였으며, 의심

할 바 없는 이정표였다. 상품기획팀에서는 UG프로젝트(유니크한 GSM)를 목표로 고급스럽고 세련된 메가픽셀폰을 기획 중이었다. 그렇게 하여 2004년 5월을 출시 기점으로 잡고 디자인 콘셉트를 구체화하던 과정에서, 과연 1년 뒤에도 시장에서 메가픽셀 카메라폰이 팬택 제품 하나뿐일 것인가에 대한 의문이 제기됐다. 경쟁사들도 시장의 흐름에 따라 메가픽셀폰 개발에 착수할 것이 분명했다. 유니크한 디자인을 강조하는 것도 팬택계열만의 차별화된 전략이었으나, 그 디자인만으로 시장을 공략할 수 있을 것인가에 대한 의문도 함께 떠올랐다. 의문은 기획 과정 내내 계속됐고, 결국 상품기획팀에서는 디자인 외에 팬택만의 메가픽셀폰을 구현할 수 있는 강점을 고민한 결과 '지문인식'이라는 아이템을 제시했다.

기술을 기술로만 바라보지 말라

세계 60억 인구 누구도 같을 수 없는 나만의 휴대폰을 가능하게 만드는 것은 무엇일까? 해답은 60억 인구가 제각기 고유하게 지닌 지문이다. 이러한 발상은 곧 '완벽한 보안 기능'으로 방향을 잡고 뻗어나갔다. 지문인식폰의 가장 큰 장점은 개인의 프라이버시를 완벽하게 지켜주는 첨단 보안 기능이다. 이것은 모바일 뱅킹, 모바일 커머스 등의 서비스 사용 시 취약했던 보안 문제를 단번에 해결해주었다. 동시에 문자 메시지나 통화기록 등 사생활을 보장받고자 하는 개인의 고유 영역을 충실히 보장하는 데에도 손색이 없었다.

그렇지만 모바일 전자상거래가 활성화되지 않은 러시아 시장에서 휴대폰의 보안 기능이 그렇게 큰 영향력이 있을까 하는 회의론이 제기

됐다. 게다가 지문인식이 들어갈 경우, 8달러의 가격 상승 요인이 발생하게 된다. GSM에서 8달러는 제조원가 대비 상당한 가격 상승인 데다 '8달러의 칩을 휴대폰마다 넣을 필요가 있는가', '만에 하나 지문인식에 에러가 발생한다면 어떻게 수습하겠는가', '시장에서 호응이 없을지 모른다', '메가픽셀만으로도 충분하다' 등 지문인식 기능에 대한 회의적인 의견이 끊이지 않았다. 지문인식을 단순히 보안 기능과만 연관해서 생각한다면 시장에 적합하지 않거나 판매 소구점이 되기에는 역부족일 가능성이 높았다.

'그렇다면 보안 기능 이외의 어떤 콘셉트가 지문인식과 맞을까' 라는 고심 끝에 얻은 결론이 바로 '엔터테인먼트'였다. 지문인식을 단지 보안 기능으로만 밀고 나갈 것이 아니라, 각종 엔터테인먼트 도구로 활용하자는 것이다. 지문을 단축버튼으로 이용하여 통화연결을 하는 것은 물론, 지문을 문지르며 즐기는 슬롯머신, 자동차 경주, 슈팅 게임까지 담았다.

이렇게 하여 GI-100은 초기 구상 때 없었던 '지문인식'이라는 독특한 기능과 이를 활용한 다양한 엔터테인먼트 기능을 장착했다. 지문을 이용한 오락 기능은 예상대로 히트했고, 우려했던 보안 기능의 효용 역시 러시아인들의 과시 욕구를 채워주면서 시장의 호응을 이끌어냈다.

2위를 인정하는 발상의 전환

2003년 팬택계열이 CDMA용으로 개발한 모델 TX50C는 미국 시장에서 100만 대 넘게 팔려나가면서 팬택계열 최단기 밀리언셀러 기록을 갱신했다.

그러나 TX50C 모델의 출발이 결코 순조로웠던 것은 아니다. 미국 최대 CDMA 사업자인 버라이즌(Verizon) 같은 미국 메이저 바이어와의 판매 계약이 당초 계획대로 진행되지 않았기 때문이다. 자칫 TX50C 모델의 미주 시장 진입 자체가 좌절될 수 있는 위기 상황이었다.

그러나 이 상황은 오히려 팬택계열 해외영업팀에 '발상의 전환'을 통한 도전의 기회로 작용했다. 메이저 바이어를 통한 시장 진입에 연연해할 것이 아니라 중소 바이어를 상대로 영업해보자는 결정을 내렸고, 결과적으로 이러한 새로운 전략이 TX50C 모델을 최단 기간에 밀리언셀러로 만드는 밑거름이 됐다.

당시에는 성공을 장담할 수 없는 모험에 가까운 구상이었지만, 해외영업팀에서는 TX50C 모델이 기술경쟁력을 갖춘 우수한 제품이라는 확신과 이 정도 기술 수준이라면 반드시 대형 바이어를 통하지 않더라도 미국 시장에서 승산이 있을 것이라는 자신감이 있었다. 그들은 10여 개의 미국 중소 바이어들과 수출협상을 전개했고, 결국 미국시장에 진출한 지 6개월이 채 되기도 전에 100만 대 이상을 판매하는 데 성공했다. 뿐만 아니라 메이저 바이어를 중심으로 하던 기존의 미국 수출망을 다변화하는 성과도 얻었다.

이러한 성공에는 생산기술연구소, 구매, 생산팀 등 생산 부문에서 들인 제품 생산가 절감 노력도 한몫했다. TX50C가 북미 시장에서 판매 호조를 보이기는 했지만, 시장의 가격 인하 압력으로 판매량에 비해 수익률이 떨어지는 위기도 있었기 때문이다. 이때 생산 부문 팀들이 힘을 모아 제조 원가를 15퍼센트 정도 절감함에 따라 TX50C의 수출이 더욱 탄력을 받을 수 있었다.

팬택계열 영업팀 관계자는 당시를 회상하며 이렇게 말했다.

"처음 미국 대형 바이어와의 계약이 좌절됐을 때는 걱정도 많이 했습니다. 하지만 우리 제품이 시장에서 통하리라는 자신감이 있었고, 그걸 증명하고 싶었어요. 하나둘 주문계약이 밀려들 때, TX50C가 대박이구나 하는 느낌이 왔고, 최단기 밀리언셀러를 기록하다 보니 오히려 버라이즌과 계약하지 않은 게 전화위복이었다는 생각까지 들었죠. 대형 바이어와의 계약만이 최선이라는 통념에서 벗어나 다양한 유통망을 개척한 것이 이번 프로젝트에서 더 큰 성과라고 생각합니다."

골리앗을 쓰러뜨릴
필살기를 개발하라

후발업체의 핸디캡을 뛰어넘는다

팬택계열의 사례를 통해 디지털 융합상품 시장의 후발업체가 선도업체를 따라잡기 위해 펼칠 수 있는 전략을 정리하면 다음과 같다.

첫째, 고객에게 기술에 대한 믿음을 심어줘라

컨버전스 제품은 다양한 하이테크 기술로 이어진다. LG전자의 초콜릿폰이나 삼성전자의 블루블랙폰의 성공 요인은 무엇일까? 디자인, 광고, 마케팅 등 다양한 요인이 있겠지만 무엇보다 기본 바탕에는 '삼성전자', 'LG전자' 라는 믿음직스러운 기업이 버티고 있기 때문이다. 소비자는 이들의 기술력을 신뢰한다. 기본이 되어 있다는 믿음을 바탕으로 디자인이나 다른 외적인 요소를 안심하고 받아들이는 것이다.

이름 없는 작은 회사가 첨단 기능의 휴대폰을 초콜릿폰과 비슷한 모양으로 만들었을 때, 소비자는 과연 디자인이 예쁘다고 해서 구매할 것인가? 그렇지 않다. 디지털 컨버전스 제품의 핵심은 기술력이기 때문에 선두 기업보다 어려운 기술과 혁신적 기능을 개발해야만 '우리도 충분히 기본이 되는 회사이다' 라는 것을 어필할 수 있다. 차별화를 통한 기술적 신뢰를 먼저 확보한 뒤에 기술 외적인 부분을 어필하는 것이 더욱 효과적이다.

기존에 없는 기능을 구현함으로써 기술적 차별화를 꾀할 때 많은 어려움이 발생한다는 사실을 우리는 앞에서 확인했다. 이는 개발의 중간 단계에서 현재 기술 수준이 어느 정도인지 스스로 평가하는 것이 어렵기 때문이다. 얼마나 신속하게 보편적인 테스트 비교기준을 확립하는가, 이것이야말로 개발 기간 단축에 절대적으로 중요한 요소이다.

특히, 제품 개발 경험이 많지 않은 중소기업의 경우 노하우가 부족하기 때문에 목표로 삼은 기술 수준과 투자비용 사이에서 딜레마를 겪게 된다. 더불어 개발 과정에서 발생한 사소한 문제기 전체 개빌 과징에 중대한 걸림돌이 될 수 있다. 기술의 기획 단계부터 해외 유사기술의 비교잣대를 세워가며 문제를 찾아 해결하는 노력이 필요하다. 특히 '최초' 라는 이름으로 제품을 개발할 때 정확한 성과 척도를 확립하는 것은 어렵고도 중요한 과제이다.

PG-K4500 개발 사례를 통해서도 알 수 있듯이, 기능적 차별화가 불가능할 때, 팬택계열이 취한 차별화 전략은 의미하는 바가 크다. 기술적으로 성숙한 시장에 다양한 제품을 지속적으로 출시하다 보면 각 제품의 차이가 점점 줄게 된다. 이때 기술 중심의 벤처에서 시작된 기업은 기술적 우위만을 강조한 나머지 소비자의 요구, 디자인 요소 등을 충분히 고려하지 못하는 경우가 많다. 결국 강점이 아닌 부분은 타사의 제품을 모방하는 형태로 이어지기 쉽다.

PG-K4500의 경우 LED는 고화질 카메라와 MP3 기능에 비해 상대적으로 타사 제품과 차별되는 요소로 받아들여지지 않을 것으로 판단됐다. 이러한 판단에 근거해 감성적인 가치(레인보우 플래시)를 차별점으로 소비자에게 다가간 것이다.

넷째, 기존의 상식에 정면으로 맞서라

기술 중심의 벤처기업으로 출발한 팬택계열은 상황이 어렵더라도 항상 남들이 시도하지 않은 방식을 시험하고자 했다. 하지만 지금의 시장 상황은 새로운 기술과 기능만으로 소비자를 끌어들이기 어렵다. 경쟁자가 보지 못하는 그 이상의 것을 예측하여 고객의 감성을 충족시켜야 살아남을 수 있다.

GI-100 개발 과정에서 팬택이 기술적 요소를 어떻게 정서적 요소로 변환할 것인가를 살펴볼 수 있었다. 기술 자체만으로 소비자들에게 큰 의미를 전달하지 못할 경우, 정서적 요인을 포함한 새로운 각도로 접근할 수 있음을 보여주었다. 즉, 기술을 기술 자체로만 보지 않고 기존의 시장 상황을 면밀히 분석하며 시장을 바라보는 기존의 방식에 의문을 던져야 한다.

TX50C의 성공은 판매 대상을 대형 바이어에 집중하는 기존 영업 방식에서 과감하게 탈피하여 12개의 중소 바이어를 집중 공략함으로써 이뤄낸 성과이다. 후발자는 경쟁 브랜드와는 다른 독특한 제품의 효과를 십분 발휘하기 위해 제품의 유통 경로 또한 기존의 경로와 차별해야 한다. 이때 소매점의 협조를 얻거나 고유의 유통 채널을 확보하는 노력이 절실하다.

화려한 부활을 꿈꾸며

진정한 차별화의 시작

1부에서 언급한 PDA폰의 사례에서 보듯이 소위 실력 있는 기업이 최고의 기술력으로 최상의 기능을 모두 적용한 제품이라고 해도 시장에서는 실패할 수 있다. 그 이유는 기본이 서 있지 않기 때문이다. 아무리 좋은 기능이 부가됐다 해도 전화기는 일단 전화기다워야 한다. 소비자가 '전화기' 하면 떠올릴 수 있는 기본적인 요소들이 제대로 갖추어져 있지 않다면, 화려한 부가 기능들이 무슨 소용이겠는가?

진정한 차별화는 현실에 발을 딛고 기본에 충실하는 것부터 시작된다. 디지털 융합상품을 개발할 때 기본이 잘됐다는 것은 하이테크 기술의 융합 능력을 검증하는 것이다. 기술적 능력을 소비자에게 인식시킬 수 있는 포인트로 만드는 것이야말로 차별화의 핵심이기 때문이다.

차별화 사례 기업으로 제시한 팬택계열은 2004년부터 매년 약 20명의 대학생을 선발하여 팬택 디자인 커뮤니티를 구성하고 1년씩 휴대폰 디자인 연구를 진행하고 있다. 최근 4기 디자인 커뮤니티에서는 '전통미의 재해석' 이라는 주제로 전통미를 첨단 휴대폰에 반영할 수 있는 아이디어를 발굴하고 있다. 이들은 이미 얼마 전부터 고궁·사찰·박물관·유적지 등을 돌며 한국 전통문화를 세심히 관찰했으며, 이를 토대로 디자인 소재가 될 만한 아이디어를 폭 넓게 공유하고 있다.

팬택계열은 튀는 디자인과 특이한 기능으로 항상 소비자에게 신선한 충격과 자극을 주었다. 첨단 이미지인 디지털 컨버전스 제품에 고전적 전통미를 가미한 스타일은 과연 어떨까? 트렌드나 감성을 뛰어넘어 핏속에 흐르는 혼을 자극시켜줄 신제품, '가장 한국적인 것이 가장 세계적인 것이다' 라는 말처럼 전통미가 차별화의 핵심 요소가 될 수도 있다.

디지털 컨버전스 제품도 결국 사람이 만들고 사람이 사용한다. 디지털 컨버전스 제품의 성공 요인은 결코 먼 곳에 있지 않다. 내 안에서 무엇을 원하는지, 남들과 다른 나만의 강점은 무엇인지 찾고자 하는 욕구가 바로 차별화의 시작이다.

팬택계열은 그동안 성장 추세가 한풀 꺾이면서 2006년 말, 지나친 경영다각화로 유동성의 문제를 겪고 있으나, 다행히 워크아웃에 들어가 회생의 기회를 노리고 있다.

디자인으로 고객의 마음을 사로잡아라

> 66 디자인은 제품에 대한 첫인상을 결정하는 얼굴이다. 세계적으로 유명한 경영학자 톰 피터스(Tom Peters)는 "제품을 잘 팔려면 0.6초 안에 고객의 시선을 사로잡아야 한다"라고 말했다. 인간의 외모가 그 사람의 첫인상을 결정하듯 디자인은 상품과 고객이 만나는 첫 번째 창구이며, 가장 호소력 있는 커뮤니케이션 수단임을 강조한 것이다. 99

세상의 중심은
디자인

얼짱, 몸짱 열풍

예쁜 얼굴과 멋진 몸매 등 외모에 높은 가치를 부여하는 신드롬은 식을 줄을 모른다. 얼굴이 잘생겼다고 해서 '얼짱', 몸매가 좋다고 해서 '몸짱', 화장 안 한 민얼굴을 지칭하는 '생얼'까지……. 계속되는 신조어의 등장과 함께 외모를 중시하는 사회 풍조가 더욱 가속화되고 있다.

사람들은 왜 외모에 열광하는 것일까? 겉으로 드러난 인간의 외모가 그 사람의 첫인상을 결정하는 대표적인 요소이기 때문이다. 특히 남자는 아름다운 여자를 보면 동공이 커지고, 가슴이 뛰면서 사랑하는 감정이 생기기 쉬운 상태가 된다.

예쁜 얼굴과 몸매 등 매력적인 외모는 사람을 평가하는 기준을 넘어서서 현실에서 막강한 힘을 발휘한다. 실제로 외모가 뛰어난 사람은 취직할 때 더 유리하고, 직장에서 더 높은 임금을 받으며, 인생의 동반자를 더 쉽게 찾고, 낯선 사람들로부터 도움을 쉽게 이끌어낸다는 사실이 많은 연구를 통해 증명되고 있다.

Made by 시대는 가고 Designed by 시대

외모 중시 풍조를 제품 개발 측면과 연결해 살펴본다면 디자인을 중시하는 신제품 개발 트렌드의 급속한 확산을 들 수 있다. 혁신적인 디자인을 통해 소비자들의 행동과 습관을 근본적으로 변화시키고, 새로운 시장을 개척하는 사례가 크게 늘고 있다.

애플컴퓨터(Apple Computer)는 디자인 혁신을 통해 재기에 성공했다. 1990년대 들어 큰 위기를 맞았던 애플은 1998년 출시되어 3년간 600만 대 이상이 판매된 '누드' 콘셉트의 아이맥(iMac)으로 회생의 발판을 마련했다. 파스텔 색조와 곡면의 반투명 케이스는 소비자에게 감성적 만족감과 첨단 제품의 느낌을 동시에 주면서 큰 성공을 거두었다.

디자인을 통한 애플의 신화는 여기서 멈추지 않았다. 애플은 다양한 기능 구현과 음질 향상을 중심으로 경쟁이 심화되던 MP3 플레이어 시장에서 단일 색상과 원형의 클릭 휠이 강조된 혁신적인 디자인의 아이팟(iPod)을 내놓았다(〈사진 2-4〉 참조). 아이팟의 성공에 힘입어 애플은 지난 3년 동안 매출이 3배 이상 성장했다.

한동안 부진했던 모토로라 역시 슬림화, 레이저커팅 등 새로운 디자인 콘셉트를 반영한 레이저(RAZR) 제품으로 예전의 명성을 되찾았다. 블랙, 핑크 등에 이어 지금껏 휴대폰 색상으로는 아무도 생각하지 못한 라임 색을 출시하면서 지속적인 디자인 차별화를 꾀하고 있다.

〈사진 2-4〉 애플의 아이팟미니와 아이팟나노

최근 현대자동차, LG전자, 삼성전자 등 국내 기업들도 디자인의 중요성을 인식하고 디자인 개발에 심혈을 기울이고 있다. 특히 전 세계 시장의 성장세가 점차 둔화하고, 다양한 기능의 융합이 이루어지는 휴대폰 시장에서는 디자인이 더욱 중요해지고 있다.

이러한 추세에 맞추어 국내 주요 휴대폰 개발업체들은 디자인 경쟁

〈사진 2-5〉 모토로라의 레이저

력 강화를 최우선 과제로 삼고 있다. LG전자의 경우, 회사의 핵심 역량으로 마케팅, 기술, 네트워크와 함께 디자인을 제시했고, CEO 역시 디자인 경영의 중요성을 지속적으로 강조하고 있다. 미국 뉴저지, 도쿄, 베이징, 뉴델리, 이탈리아 밀라노 등지에 디자인 연구소들을 설립·확충하여 디자인 중심 신제품 개발을 강력하게 추진하고 있다.

이젠,
블랙라벨 제품이다

앞서 2장에서 제시한 바와 같이 휴대폰의 역사는 그리 길지 않다. 불과 20년 전만 해도 벽돌만 한 크기에도 불구하고 상당한 고가에 팔려갈 만큼 휴대폰은 부와 권위의 상징이었다. 1988년 모토로라를 중심으로 수입 제품들이 한국 시장에 들어왔을 당시 휴대폰의 무게는 무려 771그램에 달했으며, 통화와 대기시간이 각각 2시간과 26시간이었고 소비자 가격도 240만 원이었다. 백만장자가 아니면 절대 가지고 다닐 수 없는 고가품이었다.

국내에서는 1988년, 삼성 애니콜이 약 2년간 개발한 끝에 국내 최초로 자체 개발한 휴대폰(무게 700그램)을 선보였다. 이 휴대폰은 서울올림픽에서 47대가 시범 사용됐으나, 이후 소형·경량화된 외국 제품의 유입으로 빛을 보지 못했다.

이후 휴대폰 기기는 PCS가 본격 출시된 1996년을 기점으로 급속도로 발전, 보급되기 시작했다. 단순한 통화 기능에서 문자 메시지, 동영상, 게임, 카메라, MP3 등의 기능을 탑재하게 되고, 플립형, 폴더형, 더블폴더형, 슬림형 등 모양 또한 끝없이 진화했다. 휴대폰 시장은 해마다 급격한 성장세를 보이면서 현재 성인 인구 기준으로 거의 1인 1대에 육박하고 있다.

이러한 휴대폰의 변천 과정 속에서 2005년 11월 말, 다양한 기능과 화려한 색깔로 승부하던 기존 휴대폰 시장에서 단순하고 고급스러운 디자인으로 고객의 눈을 사로잡으며 대박을 터뜨린 휴대폰이 있었으니 바로 LG전자의 '초콜릿폰' 이다.

초콜릿폰은 디자인, 개발, 마케팅, 영업 인력 등으로 구성된 다기능

제품 콘셉트 설정	• 보는 것만으로도 사고 싶은 핸드폰 • 단순한 기계의 개념을 넘어 소유하는 것만으로도 자부심과 만족감을 느낄 수 있는 명품 같은 제품
디자인	• 단순함의 추구 • 단순하고 간결한 디자인으로 고급스러움을 극대화해 고객의 감성을 자극 • 고도의 보안 속에 디자인 작업 진행
기술	• 디자인에 해를 끼치는 기술 스펙 과감히 포기 • 터치패드 채택, 24핀 커넥터 포기 • MP3 전용칩, 512MB의 대용량 메모리 등 경쟁사 대비 우위 기능 개발
마케팅	• 프리미엄 제품으로 포지셔닝 • 블랙라벨 도입 • 친숙한 네이밍 • 광고 방식 차별화 등

〈표 2-4〉 초콜릿폰 개발의 초점

팀(Cross Functional Team)이 개발했다. 2004년 하반기부터 개발에 착수했고 최종 제품 출시까지는 약 1년여가 소요됐다. 개발 초기 약 9개월간은 디자인 부문과 개발 부문이 중심이 되어 디자인 콘셉트에 맞는 외형과 기능을 개발하는 단계를 거쳤다. 이후 3개월간은 디자인팀, 영업팀, 마케팅팀 등 관련 부문이 협력하여 효과적인 마케팅 방법에 대해 집중 고민하는 단계를 거쳤다.

갖고 싶어지는 제품 콘셉트 설정

초콜릿폰 개발 프로젝트팀은 주요(core) 목표 고객을 25~32세의 유행에 민감한 직장인으로, 부수적(secondary) 목표 고객은 독특하거나 차별화된 나만의 개성을 중시하는 19~24세의 대학생으로 선정했다. 목표 고객을 대상으로 욕구를 파악한 결과, 휴대폰은 단순한 '기계'가 아니라 '생활의 일부'라는 것을 파악했다.

이에 프로젝트팀은 단순한 '기계'의 개념을 넘어 소유하는 것만으로도 자부심과 만족감을 느끼고, 언제나 지니고 싶은 '명품' 같은 제품을 핵심 콘셉트로 설정했다.

이로써 초콜릿폰은 기능이나 가격을 차별화 포인트로 내세운 기존의 제품들과는 달리 제품 자체의 개성과 고급스러운 스타일을 강조하는 전략을 취한 것이다. 이 같은 방식은 국내에서 전례가 없는 새로운 개념이었다. 즉, '보기만 해도 사고 싶어지는 휴대폰을 만들어보자'라는 콘셉트가 시발점이었다.

절제되고 고급스러운 디자인

프로젝트팀은 앞에서 이야기한 제품 콘셉트를 디자인으로 구현하기 위해 큰 방향으로 미니멀리즘(minimalism)을 정했다. 미니멀리즘이란 장식적 요소를 최대한 배제한, 단순하고 고급스러운 디자인을 일컫는 용어이다. 이렇게 결정된 디자인 콘셉트는 초콜릿폰 디자인에 일관되게 반영됐다.

우선 제품의 외형은 순수한 검정색 컬러를 사용했으며, 배터리 전면부에 LG 로고마저 없애는 등 불필요한 선(線)과 로고, 장식을 절반 이하로 줄였다. 또한 외관을 최대한 간결하고 깔끔하게 보이도록 버튼이 드러나지 않게 감추었다. 이는 소비자의 호기심을 불러일으키는 성공 요인으로 평가받는다. 겉모양만 봐서는 휴대폰인지 MP3인지 정체를 알 수 없고, 보통 때는 검은 베일에 싸여 있다가 터치하는 순간 드러나는 신비로움으로 소비자들의 감성을 자극했다.

뿐만 아니라 디자인이 최종 확정되기까지 가급적이면 공개 경쟁 프레젠테이션을 하지 않고 고도의 보안을 유지하며 소수 정예 디자이너들이 디자인의 완성도를 높여갔다. 디자인은 일단 외부에 유출되거나 공개되면 경쟁사가 빠르게 카피할 가능성이 높다. 그렇게 되면 지금껏 혁신적인 디자인을 구현하기 위해 공들인 야심찬 노력이 모두 물거품이 될 수 있으므로 더욱 신중을 기했다.

기능의 다이어트와 근력 강화

개발팀은 절제미를 추구하는 디자인을 구현하기 위해 '디자인에 해를 끼칠 수 있는 기술적 스펙은 과감히 포기한다' 라는 원칙을 세웠다. 이러한 원칙은 기존의 키패드 버튼을 터치패드로 대체하고 정통부 표준 24핀 커넥터를 채택하지 않는 등 기능 개발의 중요 사안을 결정하는 데 방향타로 삼았다.

터치패드의 경우, 몇 년 전 삼성전자에서 채택했다가 실패한 이력이 있기 때문에 이를 사용한다는 것이 조직 내부적으로 부담이 컸다. 정통부 표준 24핀 커넥터 역시 채택하지 않는다면 제품의 호환성을 저해하여 판매에 악영향을 미칠 수 있는 민감한 사안이었다. 그러나 터치패드 기능을 도입하고 24핀 커넥터를 포기하는 과감한 결정으로 결과적으로 간결하고 깔끔한 외관이 완성됐다.

이 밖에도 디자인 콘셉트를 유지하기 위해 고성능 카메라 모듈을 포기하고, 최소 수준인 130만 화소의 카메라 모듈을 채택했다. 당시 800만 화소 제품까지 출시된 시장 상황을 감안한다면 카메라의 사양 면에서는 확실히 뒤쳐지는 결정이다. 고화소 카메라 모듈은 렌즈부가 두껍기 때문에 미니멀리즘의 디자인 형태를 유지하는 데 방해 요소가 된다.

기능 경쟁의 가속화라는 안전한 길을 가느냐, 위험을 감수하면서두 디자인에 충실한 길을 가느냐, 두 가지 갈림길에서 LG전자는 디자인 중심이라는 일관성 있는 결정을 고수했다. 디자인 콘셉트가 기능 개발로 구현될 수 있는지를 논의하는 실장성(실제 장착 가능성) 검토 회의 등 주요 내부 회의에서 개발자들이 디자인에 맞는 부품 개발 및 조립이 어렵다는 의견을 제기하는 경우에는 안승건 단말연구소장이 '무조건 디자인에 맞춰라' 라는 지시를 했고, 그 과정에서 개발자들과 일일이 대면하면서 독려하고 지원했다고 한다.

또한 개발팀은 디자인을 그대로 유지하면서도, 경쟁사 대비 우위를 점할 수 있는 기능 개발에 대해서도 많은 탐색을 아끼지 않았다. 경쟁 제품과 비교하여 월등한 멀티태스킹 지원 기능이 그 예이다. 초콜릿폰은 음악을 들으며 카메라를 촬영하거나 게임, 인터넷 기능을 동시에 이용할 수 있도록 설계됐다. 이는 출시 당시 경쟁 제품인 팬택계열의 PT-K1500나 삼성의 SPH-V8400이 지원하지 않는 기능이었다. 또한 MP3 전용칩을 내장하여 우수한 음원 재생 기능을 확보했으며, 내장 메모리 용량 측면에서도 512MB를 채택, 100MB 이하의 내장 메모리를 가진 팬택의 PT-K1500, 삼성의 SPH-V8400 등과 차별화했다.

연구원들은 디자인에 맞는 부품을 개발하기 위해 휴일도 잊은 채 1년여 동안 일주일이 '월화수목금금금' 이었을 정도로 개발에 몰두했다. 초콜릿폰이 탄생하기까지 사용된 실험용 휴대폰의 개수가 무려 3,200여 대. 처음 시도하는 기술이 많아 개발 초기부터 발생한 숱한 문제들을 3,200여 대의 테스트폰으로 끊임없이 시험한 것이다.

휴대폰계의 블랙라벨

아무리 제품을 잘 만들어도 마케팅에서 실패하면 소용이 없다. 프로젝트팀은 초콜릿폰의 마케팅 콘셉트를 놓고 고민하기 시작했다. 마케팅 부문은 '기능성을 추구하기보다는 누구나 갖고 싶어 하는 휴대폰을 만들자' 라는 초기 제품 개발 콘셉트에 맞춰 고급스러움을 강조하는 마케팅 전략을 채택하기로 했다.

그러나 이 과정에서 조직 내부에서는 또 한 번 홍역을 치렀다. 디자인 중심의 신제품 개발로 개발 부문뿐만 아니라 영업 부문과도 마찰이 불거졌던 것이다. 간결한 디자인을 유지하기 위해 터치패드를 도입하기로 결정하자, 영업 부문은 프리미엄 제품으로 내세울 만한 제품이 아니라며 크게 반발했다. 중저가로 판매해야 한다는 영업 측과 프리미엄 제품으로 판매해야 한다는 마케팅 측의 의견이 팽팽하게 대립했다.

이 논란 속에서 마케팅 측의 의견으로 합의를 이끌어낸 데 결정적인 역할을 한 사람은 외부 영입 인사인 마케팅 부문 총책임자 마창민 상무이다. 마 상무는 마케팅 팀원들과 한 달 이상 야근해가며 고급 제품으로 가야 하는 설득 논리를 만들고 구체적인 데이터를 철저히 준비해 영업 부문을 설득했다.

만약 영업 측의 의견대로 초콜릿폰을 중저가로 판매했을 경우, 지금과 같은 성공은 보장하기 어려웠을 것이다. 중저가로 내놓았다면 더 많은 수량을 판매할 수는 있었겠지만 수익률은 높지 않았을 것이고, 아울러 프리미엄 제품군 이미지를 구축할 수도 없었을 것이다.

초콜릿폰 마케팅에는 패션 브랜드에서 주로 사용하던 '블랙라벨(black label)' 개념이 처음으로 도입됐다. 블랙라벨이라는 용어는 의류업계에서 소재를 고급화하고 가격을 한 단계 높인 고급 의류 제품을 일컫는 말이다. 일부 해외 의류회사들이 브랜드 이름에 블랙라벨을 붙여 소재를 고급화하고 가격을 높이는 동시에 생산 수량을 극히 제한하면서 고급 브랜드를 대신하는 용어로 쓰이기 시작했다. 아르마니 블랙라벨, 버버리 블랙라벨 등이 대표적인 예이다. LG전자는 이 개념을 휴대폰에 도입해 기존의 싸이언 브랜드와 차별화된 고급 브랜드 이미지를 구축했다.

프리미엄 가치와 감성적 가치가 조화를 이룬 블랙라벨 제품으로서 새로운 가치를 내세우기로 전략을 세웠으나 제품명을 확정하는 과정에서는 많은 이견이 있었다. 슈퍼 슬림 슬라이드폰 개발을 마치고 프로젝트팀에서 제품명을 놓고 고민하고 있을 무렵, 광고대행사 두 곳에서 초콜릿이라는 아이디어를 보내왔다. 초기 '초콜릿' 이라는 아이디어가 나왔을 때는 프로젝트 팀원 간 찬반 논란이 치열했다. 기존 싸이언과는 다른 이미지를 보여주기 위해 디자인 단계부터 야심차게 시작했는데, 초콜릿이라는 싸구려 이름을 붙일 수 없다는 의견이 거셌다. 가격도 50만 원대 중반으로 책정된 만큼 이름도 프리미엄 이미지여야 한다는 논리였다. 팽팽하던 찬반 논란은 결국 '초콜릿폰' 으로 결론이 났다. 감성적 이미지가 소비자들에게 친근하리라는 판단에서였다.

이처럼 초콜릿폰은 마케팅 방침에서도 디자인 중심 제품 개발에서 일관되게 강조해왔던 감성 중심 접근 방법을 철저하게 고수했다. 공급자 입장에서는 다양하고 이색적인 기능을 강조하고 싶었겠지만, 이를 포기하고 초콜릿이라는 애칭을 통해 '소비자들이 친근하게 갖고 싶어 하는 물건' 이라는 이미지를 전달하는 데 주력했다.

따라서 기존의 발랄하고 코믹한 휴대폰 광고와 달리, 초콜릿폰의 블랙라벨 시리즈 광고는 젊은 층을 겨냥하면서도 광고 모델들이 대부분 정장을 입고 나온다. 고급스러우면서 감성적으로 접근하려는 전략에서다.

초콜릿폰의 위력

초콜릿폰은 국내외 디자인상을 독식했다. 2005년도 우수 산업디자인 상품전 대통령상, 2005년 우수 산업디자이너상 대상, 2005년 한국산업

디자이너협회 디자인 대상을 수상했으며, 독일 '레드닷 디자인 어워드 2006'에서 디자인 우수 제품으로 선정됐고, 아시아 기업으로는 일본의 소니에 이어 두 번째로 '올해의 디자인팀(Design Team of the Year)'으로 선정되는 쾌거를 이룩했다. 또한 'iF 디자인 어워드 2005'● 에서 디자인 우수 제품으로 선정됐다.

〈표 2-5〉에서 보듯 초콜릿폰은 2005년 11월 말 출시되자마자 폭발적인 인기를 끌었다. 시내 대리점에서는 공급이 모자라 예약 판매를 진행하는 등 즐거운 비명을 질렀고, 출시된 지 한 달 만에 하루 개통 수가 3천 대를 기록했다.

2004년 가장 많이 팔렸던 '어머나-뮤직폰(LG-LP3400)'도 한 달이 지나서야 하루 1천 대 넘게 팔린 것을 감안하면 엄청난 판매량이다. 2007년

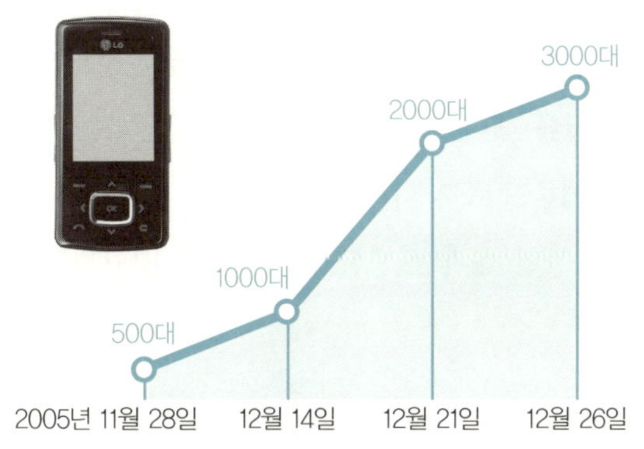

〈표 2-5〉 초콜릿폰의 하루 판매량 추이(출시 후 1개월간)

●
iF 디자인 어워드 : 미국 'IDEA(Industrial Design Excellence Award)'와 함께 산업디자인계에서 전통과 권위가 높은 상으로 1954년 제정되었다. 'iF 디자인 어워드'는 최근 3년 이내에 출시 또는 예정인 제품들에 대해 디자인 품질, 소재 적합성, 혁신성, 환경에 대한 배려, 기능성, 사용 편리성, 심미성, 안정성, 내구성 등을 종합적으로 평가하여 가장 우수한 제품에 'iF마크'를 부여한다.

4월 말을 기준으로 초콜릿폰의 국내외 총 판매량은 1천만 대를 넘어섰다. 이익률 측면에서도 지금까지 출시된 휴대폰 제품들은 평균 10퍼센트 수준이었으나, 초콜릿폰의 경우에는 20퍼센트를 기록했다.

초콜릿폰에 대한 고객들의 반응 또한 긍정적이었다. '디자인이 심플하고 멋지다', 'MP3 100곡을 넣을 수 있을 만큼 내장 메모리가 크다', '터치패드 기능이 편하고 멋지다', '노래를 들으며 문자를 보낼 수 있는 멀티태스킹 기능이 탁월하다', '기존 싸구려 이미지의 싸이언 브랜드를 한 단계 업그레이드시켰다' 등 찬사를 아끼지 않았다. 사용자 선호도의 경우 삼성과 팬택계열 등 경쟁사 제품은 각각 3.9점과 3.7점인 반면, 초콜릿폰은 5점 만점에 4.2점을 받아 경쟁 제품에 비해 훨씬 높은 수준으로 나타났다.

초콜릿폰은 과거 싸이언 이미지와는 완전히 다른 명품의 반열에 올라섰으며, 경쟁사와 비교해 상대적으로 불리했던 브랜드 이미지를 높이는 데도 큰 공헌을 했다. LG전자의 마케팅 담당자는 "현재 초콜릿폰이 고급 브랜드 제품으로 자리를 잡아가고 있다. 초콜릿폰 출시 후 브랜드 이미지를 조사한 결과 경쟁사와의 격차가 10퍼센트 이상 줄었다"라고 밝힌 바 있다.

성공을 부르는
디자인 콘셉트

휴대폰은 이제 생활의 일부

초콜릿폰 개발 사례를 통해 디자인 중심 신제품 개발의 5가지 중요한 성공 요인과 교훈을 이끌어낼 수 있다.

첫째, 우수 디자이너와 마케터를 확보하라

초콜릿폰 개발 사례를 통해, 디자인 중심 신제품 개발이 성공하기 위해서는 우수 디자이너와 마케터의 확보가 매우 중요함을 실감할 수 있다. LG전자는 업무 로테이션 혹은 외부에서 영입해온 디자인 책임자와 마케팅 책임자를 전격 배치했다. 신선한 아이디어와 새로운 관점이 중요하다는 판단에서였다.

고객들에게 있어 휴대폰이 단순한 '기계'가 아니라 '생활의 일부'라는 개념을 정확히 파악한 비결은 체계적인 인터뷰나 형식적 설문조사 덕분이 아니었다. 빠르게 변화하는 휴대폰 시장의 큰 흐름을 읽어낸 디자이너와 마케터의 직관적인 통찰력과 역발상에서 비롯됐다. 또한 디자인 리더인 차강희 책임연구원은 "얇고 단순하게 한번 가보자고 했지만, 휴대폰의 핵심은 결국 기능이 아니냐"라는 내부 반대와 타 부문과의 갈등에도 불구하고 영업팀과 개발팀, 기획팀, 경영진 등을 찾아다니며 설득했다. 특히 그는 "애플의 아이팟이 기능은 조금 떨어지지만 왜 대박을 터뜨렸나 생각해보자. 결국 예뻐서 인기를 끈 것이다"라며 소신 있게 밀어붙였다. 이와 더불어 치밀한 프레젠테이션과 리서치를 통해 경영진에게 성공에 대한 확신을 심어주었다.

마케팅 리더 역시 디자인에 맞는 고급화와 감성 마케팅에 대한 명확한 논리와 방향성을 가지고 관련 부문과의 지속적인 커뮤니케이션을 통해 타 부서와의 의견 조율에 성공했다.

디자인 중심 신제품 개발이 성공하기 위해서는 기술력 확보가 상대적으로 중요하지 않다고 생각할 수 있다. 그러나 이 경우 기능 중심 신제품 개발 방식보다 기술력 확보가 더 중요하다. 기능 중심 개발 방식의 경우에는 특정 부품 개발 노력이 원활하게 이루어지지 않아 용두사미로 끝나도 다른 부문에 별 영향을 주지 않는다. 하지만 디자인에 맞추는 데 필요한 기능을 개발해내지 못하면 개발 부문만의 문제가 아니라 제품 개발 전체의 문제로 확대될 수 있다.

초콜릿폰 개발 이전까지 LG전자의 제품 개발 방식은 대부분 기능을 우선 개발해놓고 이에 맞추어 디자인을 결정하는 순서를 따랐다. 설령 디자인 쪽에서 좋은 아이디어가 발의되어도 연구원들이 디자인에 맞는 기능을 개발할 수 없다고 하면 포기할 수밖에 없었다. 그러나 초콜릿폰 개발 시에는 연구원 위주의 제품 개발 방식에서 벗어나 디자인과 마케팅 쪽에 무게를 실어 새롭게 시도했다. 초콜릿폰 개발 프로젝트에 참여한 전 구성원들이 '디자인 콘셉트에 기능, 마케팅 등 모든 것을 맞추자'라는 방향성을 명확히 공유했다.

특히, 디자인 중심 신제품 개발은 설계·생산 라인 변경을 원치 않는 개발 인력들에게 끊임없는 도전을 제기했다. 사실 개발 인력에게 디자인 변경은 성가신 일이 분명하다. 자칫하면 회로 설계를 새롭게 하거나 부품을 다시 주문해야 하기 때문이다.

초콜릿폰의 경우 개발팀은 디자인 콘셉트에 맞는 기능을 개발하기 위해 기존의 업무를 답습한 것이 거의 없을 정도로 다양한 업무를 도전적으로 수행했다. 초콜릿폰 디자인이 가장 돋보이는 14.9밀리미터의 두께를 유지하기 위해 기존의 키패드 방식을 버리고 고난이도의 터치 패드 방식 기능을 개발한 것이 대표적인 사례이다.

결론적으로 디자인 중심 신제품 개발의 성공을 위해서는 디자인 콘셉트 구현에 필요한 기술력을 반드시 확보해야 한다. 그렇지 않으면 설정된 디자인 콘셉트는 실제로 달성할 수 없는 비현실적인 것이 되고, 디자인 중심의 신제품 개발 활동은 결국 실패로 끝난다.

셋째, 경영층의 강력한 리더십을 발휘하라

혁신적 휴대폰 개발에 대한 단말연구소장의 강한 의지와 주도적인 후원이 초콜릿폰 성공에 중요한 역할을 했다. 프로젝트 팀원들 사이에서는 단말연구소장이 초콜릿폰 개발의 실질적인 프로젝트 리더였다고 입을 모을 정도이다.

단말연구소장은 "초콜릿폰 기획 단계에서부터 연구원들에게 디자인 콘셉트에 기술을 맞추라"라는 명확한 방향을 제시했다. 연구원들은 한 손에 쏙 들어가는 50시시(cc)의 디자인에 부품을 맞춰가며 개발 과정에 임했다. 혹시 이러한 방향에 미온적이거나 회의적인 연구원들에게는 농담 섞인 협박을 하기도 하고, 한편으로는 저녁 늦게까지 작업에 몰입하는 연구원들을 직접 찾아가 노고를 격려하는 등 지원을 아끼지 않았다.

이러한 경영진의 전폭적인 지원은 팀원들에게 디자인 중심의 제품 개발을 반드시 성공시켜야 한다는 메시지를 전달했으며, 기존 관행에 안주하지 않도록 독려했다. 또한 프로젝트를 추진하는 과정에서 문제가 발생했을 때 신속한 의사결정을 내리고 빠른 조치를 취할 수 있도록 적극 뒷받침해주었다.

넷째, 외부 아이디어를 적극적으로 흡수 · 활용하라

디자인 중심 신제품 개발의 성공을 위해서는 조직 내부뿐 아니라 외부에 있는 아이디어를 적극적으로 흡수하여 활용하는 열린 사고가 필요하다. 초콜릿폰을 개발할 당시에는 '싸이언 프로슈머*'들의 아이디어를 반영했다.

프로슈머Prosumer : 생산자(Producer)와 소비자(Consumer)의 합성어로
제품 개발과 생산에서부터 능동적으로 참여하는 소비자를 뜻한다.

보안과 기술 문제로 오랫동안 연구원들만의 성역으로 여겨졌던 휴대폰 기획에 고정관념을 깨고 소비자를 참여시켜 초콜릿폰의 디자인을 구현한 것이다. 폰의 두께를 14.9밀리미터로 유지하기 위해 채택한 터치패드 방식이 바로 프로슈머로부터 얻은 아이디어이다. 비록 개발 말미에는 보안상의 이유로 외부와의 접촉을 차단했으나, 개발 초기만큼은 프로슈머로부터 얻은 제품 개발 아이디어를 적극적으로 활용했다.

외부의 아이디어가 비단 소비자들로부터만 온 것은 아니다. 앞서 언급했듯 '초콜릿폰'이라는 제품명은 광고대행사의 아이디어이다. 여기서 주목해야 할 점은 내부 마케팅팀이 고객에게 친근하면서도 고급스러움을 줄 수 있는 제품으로 이름 짓고자 하는 명확한 방침을 먼저 세웠기에 광고대행사의 신선한 제안을 적극적으로 받아들일 수 있었다는 것이다.

외부 아이디어를 제대로 활용하기 위해서는 조직 내부적으로 외부 아이디어를 적절히 흡수하고 관리할 수 있는 역량을 확보하는 것이 무엇보다 중요하다.

다섯째, 창의적이고 열린 조직 문화를 구축하라

조직문화는 개인의 사고와 행동을 지배하는 공유 가치(Shared Value)로서 신제품 개발 활동에 전반적인 영향을 미친다. 동시에 제품 개발 전략, 리더십, 인력 관리, 조직 관리 등 여러 요인으로 형성되는 결과물이기도 하다. 그렇기 때문에 조직문화를 변화시킨다는 것은 결코 쉬운 작업이 아니다.

초콜릿폰 개발 시에는 명확한 디자인 중심 제품 개발 목표, 경영진의 적극적인 관심과 지원, 외부 인력의 영입 및 활용 등 다양한 노력이 시너지 효과를 일으키며, 기존의 내부 지향적인 엔지니어 중심 조직문화를 시장과 고객 중심의 조직문화로 탈바꿈시켰다.

그 결과 디자인 콘셉트에 맞추기 위해 어떤 부품과 기능을 버리고 택할 것인가를 결정하는 문제, 초콜릿폰을 어떻게 포지셔닝하고 어떤 이름으로 출시할 것인가 등 다양한 문제에 직면했을 때마다 창의적인 방안을 생각할 수 있었다. 기능 부문 간 상호 커뮤니케이션을 하면서 충돌과 갈등 등 많은 어려움이 있었지만, 디자인 콘셉트를 충족시킨다는 대원칙 아래 건설적인 방향으로 합의점을 이끌어냈다.

초콜릿폰 개발 사례를 통해 나타난 디자인 중심 신제품 개발의 성공 요인과 교훈을 정리하면 〈표 2-6〉과 같이 요약할 수 있다.

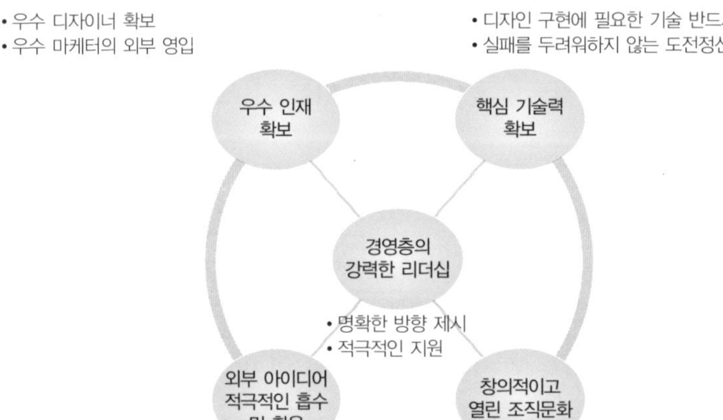

〈표 2-6〉 디자인 중심 신제품 개발의 5가지 성공 요인

혁신적인 디자인 제품의 지속적인 탄생을 위해

강력한 커뮤니케이션 수단

'얼짱', '몸짱' 등 외모 신드롬에 대한 반작용으로 등장한 단어가 '맘짱' 이다. 맘짱이란 '마음이 따뜻한 사람' 이라는 뜻으로 주변 사람들에게 늘 친절하고 남을 배려할 줄 알며 대의를 위해 자기를 희생할 줄 아는 성숙한 인품을 가진 사람을 말한다. 옛 유행가에 "얼굴민 에쁘다고 여자냐, 마음이 고와야지 여자지……"라는 노래가 있다. 멋진 외모가 진정한 위력을 발휘하기 위해서는 겉으로 드러나지 않는 내면에 아름다운 마음씨를 겸비해야 함을 시사한다.

얼짱과 맘짱의 관계에 대한 이야기를 제품 개발에 비유해 설명하면 디자인은 외모에, 기술력은 내면에 비유할 수 있다. 사람이 진정한 얼짱이 되기 위해서는 맘짱의 특성을 겸비해야 하듯, 디자인 중심의 신제품 개발이 성공하기 위해서는 멋진 디자인뿐 아니라 그 디자인을 뒷받침할 수 있는 핵심 기술력을 반드시 확보해야 한다.

디자인은 제품에 대한 첫인상을 결정하는 얼굴이다. 세계적으로 유명한 경영학자 톰 피터스(Tom Peters)는 "제품을 잘 팔려면 0.6초 안에 고객의 시선을 사로잡아야 한다"라고 말했다. 인간의 외모가 그 사람의 첫인상을 결정하듯 디자인은 상품과 고객이 만나는 첫 번째 창구이며, 가장 호소력 있는 커뮤니케이션 수단임을 강조한 것이다.

앞으로 시장의 치열한 생존 전쟁에서 한발 앞서기 위해서는 고객의 욕구를 정확히 파악하고 차별화된 신제품을 지속적으로 개발해야 한다. 초콜릿폰 개발 사례에서 보듯 디자인 중심의 신제품 개발은 기업이 경쟁 우위를 확보하는 데 중요한 전략이 될 것이다. 왜냐하면 첫째, 디자인을 통해 단순히 제품의 외관만 예쁘게 보이는 것이 중요한 게 아니라 자신만의 개성을 표현하고 싶어 하는 고객의 감성 욕구를 충족시킬 수 있고, 둘째, 신제품 개발의 기획, 개발, 마케팅 등 모든 개발 과정을 외부 시장 관점에서 이끌어갈 수 있기 때문이다.

이제 디자인은 기업이 고객과 커뮤니케이션하는 가장 강력한 수단이다.

4장

시너지로 날개를 달자

> 신규 진출하는 사업 분야에서 짧은 시간에 성과를 끌어올리기 위해서는 자체 역량만으로 버거울 때가 있다. 그렇다고 해서 준비 기간을 충분히 가지고 자체 역량을 키우려 한다면 신규 진출을 노리던 분야는 이미 새로운 시장이 아닐 수 있다. 당장 가지고 있지 않은 역량은 전략적 제휴로 보충할 수 있다.

두 배의 경쟁력

함께라면 두려울 것이 없다

시너지(synergy)란, 함께 일한다는 뜻인 그리스어 'Synergos'에서 유래된 말이다. 본래 근육이나 신경 등이 결합되어 각각의 합 이상의 힘을 발휘하는 활동이나 작용을 의미한다. 다시 말해 시너지 효과란 독자적 활동보다 공동의 노력과 상호작용이 큰 성과를 가져온다는 개념이다. 이를 종합효과 또는 상승효과라고도 한다.

시너지 효과는 기업 경영뿐만 아니라 우리 삶 곳곳에서 찾아볼 수 있다. 옛 속담에 '열의 한 술 밥이 한 그릇 푼푼하다' 라는 말이 있다. 한 사람의 능력에 또 한 사람의 능력이 더해질 때 두 사람 능력 이상의 효과를 거둘 수 있다는 뜻이다.

음식점에서 고기를 구워 먹을 때에도 시너지 효과를 경험할 수 있다. 불판 밑에서 은근한 열기를 내어 고기를 맛있게 구워주는 숯불은 하나만 있을 때는 불씨가 금방 사그라들지만, 여러 개가 모여 있을 때는 오래도록 훨훨 타오른다.

기업에서 시너지 효과는 지속적인 경쟁우위의 원천이다. 최근 국내 기업의 화두 가운데 하나는 성장 전략을 어떻게 수립하느냐 하는 것인데, 그 방법론으로 사업의 다각화, 전략적 제휴 등을 통한 시너지 효과 창출이 거론되고 있다.

시너지 경영의 사례로 LG필립스를 꼽을 수 있다. LG필립스는 LG의 LCD 생산 능력과 반도체 기술 그리고 필립스의 브랜드 파워가 적절히 조화를 이뤄 시너지 효과를 발휘했다는 평가를 받고 있다. 해외 기업 중 제너럴일렉트릭(GE)은 주력 제품인 발전설비, 의료기기, 항공기 엔진 등 고가 제품의 단순 판매에 그치지 않고 금융 서비스 등을 결부시킴으로써 상품의 고도화를 꾀하고 성공을 거두었다.

하지만 두 가지 이상을 합쳐 놓았다고 해서 반드시 시너지 효과가 발생하는 것은 아니다. 국내 사례를 보면 시너지 창출에 성공한 기업보다 실패한 예가 더욱 많다. 시너지 창출이 결코 쉬운 과제는 아니지만, 일단 성공하면 경쟁 기업이 모방하기 힘든 지속 가능한 경쟁우위의 원천이 된다는 것이 큰 매력이다.

TV에서 방영된 한 의류 광고에는 때와 장소를 가리지 않고 언제 어디서나 정장을 입는 모델이 등장한다. 강가에서 낚시를 하거나 농구를 할 때 그리고 수영장에서, 심지어 잠자리에서도 정장을 입고 있다. '캠브리지 멤버스 캐주얼' 브랜드를 내세운 캠브리지의 이 광고는 캐주얼 정장이 패션 트렌드로 자리 잡은 지 오래지만 3040세대가 가지고 있는 '직장 남성에게 정장은 아직도 부담스러운 의류' 라는 편견을 깨고자 기획됐다.

여기서 주목해야 할 점은 브랜드 명칭이다. 캠브리지는 기존에 '캠브리지 멤버스'라는 정장 브랜드를 가지고 있었다. 1966년부터 사용한 이 브랜드는 소비자에게 고품질의 정장 이미지를 심어놓았다. 잘 구축된 브랜드 이미지는 신규 브랜드에 그대로 적용되어 '캠브리지 멤버스 캐주얼'이라고 이름 붙였다. 캠브리지의 양종영 마케팅 부장은 "캠브리지 멤버스 캐주얼은 화려하고 다채로운 남성 캐주얼 트렌드를 반영하면서도 전통 영국 왕가의 품격과 전통미를 살리는 변형 클래식 패션이다"라고 했다.

기존의 브랜드 명칭을 사용하는 전략으로 신규 브랜드 론칭에서 시너지 효과를 발휘한 것이다. 레인콤의 아이리버 딕플 사례도 시너지를 통한 시장 진입의 성공 사례이다.

전자사전, 가능성은 열려 있다

2003년 하반기, 에이원프로는 국내에서는 처음으로 MP3 플레이어 기능을 가진 전자사전을 출시했다. 초기 MP3 전자사전은 제품의 불안정성으로 사용자층이 폭넓지 않았다. 그 후 2004년 말 아이리버에서 MP3 전자사전을 출시했고, 시장의 가능성을 감지한 샤프에서도 전자사전에 MP3 기능을 탑재했다. 이는 음악이 오락이나 기분 전환의 수단으로 대중화되고 보편화됨에 따라 필요성이 높아지자, MP3 플레이어와 전자사전의 결합에 소비자의 관심이 집중됐기 때문이다.

전자사전이 담고 있는 콘텐츠에도 많은 변화가 있었다. 2003년만 해도 전자사전에 담긴 사전 종류는 5, 6종 안팎이었지만 2004년부터는

10종을 넘기 시작해서 최근에는 거의 모든 어학사전을 집어넣어 30여 종의 사전 콘텐츠를 담은 제품도 출시됐다.

전자사전은 사전이라는 기본 콘텐츠에 오락, 기분 전환을 위한 엔터테인먼트적 요소가 더해지면서 다각도로 고객의 눈길을 사로잡았으며, 동시에 어학연수 및 조기 어학열풍, 좁은 취업 구멍을 뚫기 위한 어학능력의 중요성 증대 등 사회적 분위기가 맞아떨어지면서 급속도로 시장이 확대됐다. 시장 추이를 보면 2003년 47만 대(940억 원) 규모였던 전자사전 시장은 2004년 61만 대(1220억 원) 규모로 늘어났고, 이어 2005년 상반기에만 이미 100만 대 이상이 팔려 국내 전자사전 시장규모가 2천억 원대로 3년 만에 2배 넘게 급성장했다. 이는 연간 500억에서 550억 원대인 기존 종이사전 시장의 4배에 이르는 규모이다.

이와 같은 시장 규모의 변화는 매장의 전자사전 판매량에서도 나타난다. 2005년 상반기 오프라인 매장인 테크노마트에서는 전자사전을 매장당 일주일에 25대에서 30대 이상씩 판매했고, 온라인 쇼핑몰 옥션에서는 매월 5천 대 이상씩 꾸준히 매출을 올렸다. 2004년 월평균 판매량과 비교해봐도 2배 이상 늘어난 수치이다.

이러한 결과는 설문조사를 통해서도 알 수 있다. 전국 초·중·고·대학생 총 4,310명(남자 1,636명, 여자 2,674명)을 대상으로 한 조사에서 31.9퍼센트(남자 35.3퍼센트, 여자 29.8퍼센트)인 1,375명이 이미 전자사전을 보유하고 있다고 응답했다.

전자사전의 대표 기업인 샤프전자는 이러한 추세에 발맞추어 MP3나 동영상 기능이 탑재된 신제품을 출시하면서 고객의 요구에 부응하고 있다. 이러한 각종 디지털 기능들은 전자사전을 구매하는 고객층을 넓힐 뿐더러, 전자사전이 결코 학습만을 위한 도구가 아니라는 인식을 심어주고 있다.

또 다른 양상도 있다. 샤프와 국내 전자사전 시장에서 치열한 다툼을 벌이고 있는 카시오는 오직 전자사전 기능에만 초점을 맞춘다. 카시오의 관계자에 따르면 "현재로서는 컨버전스형 제품이 인기를 끄는 것 같지만 장기적으로는 고유의 전자사전 기능에 충실한 제품이 소비자들에게 더욱 환영받을 것으로 확신한다. 현재 전자사전에 탑재된 컨버전스 기능은 이미 휴대폰에 접목된 기능이므로 전자사전에까지 그 기능을 흡수할 필요는 없다"라는 것이다. 컨버전스는 일시적인 유행일 뿐, 유행이 지나면 디버전스가 대세를 이룰 것이라는 예측이다.

이렇듯 전자사전 시장의 규모가 커짐에 따라 시장점유율을 차지하려는 업체들은 각기 자신만의 차별화된 전략을 앞세워 시장 주도를 위한 경쟁을 가속화하고 있다.

역전의 명수 아이리버

전자사전 시장의 경쟁이 갈수록 치열해지는 가운데 새롭게 진출한 기업이 있으니 바로 레인콤•이다. 레인콤은 판매법인인 ㈜아이리버•로 더 잘 알려진 기업으로 세계적인 MP3 플레이어 생산업체이다.

아이리버 딕플 D10은 2004년 12월 출시 이후 전자사전 시장에서 월 2만 대 이상 판매되면서 단일 제품으로 20퍼센트에 이르는 시장점유율을 기록했고 단숨에 국내 전자사전업계 2위로 급부상했다. 이러한

●
레인콤, 아이리버 구분 없이 이하 아이리버로 표기

실적은 1위 자리를 고수하던 샤프전자를 위협하는 수준에 이르렀다.

업계 관계자는 "아이리버의 공장 시스템은 MP3 플레이어 생산 공정 위주이다. 따라서 2005년에는 시설이 부족하여 딕플의 생산량이 수요를 쫓아가지 못하는 상황이었다. 공장 시설이 확충되면 시장점유율이 배 이상 올라갈 것이다"라고 전망했다. 실제로 아이리버의 '2005년 2분기 제품별 매출 현황'에 따르면 딕플 전자사전의 매출이 1분기 대비 90퍼센트 증가한 것으로 나타났다(〈표 2-7 참조〉).

아이리버의 성공 원인은 여러 가지가 있겠지만, 특히 시너지 효과에서 찾을 수 있다. MP3 플레이어로 사업을 시작하여, 짧은 시간에 전자사전 분야에서 성공을 거둘 수 있었던 것은 기존에 가지고 있던 자원

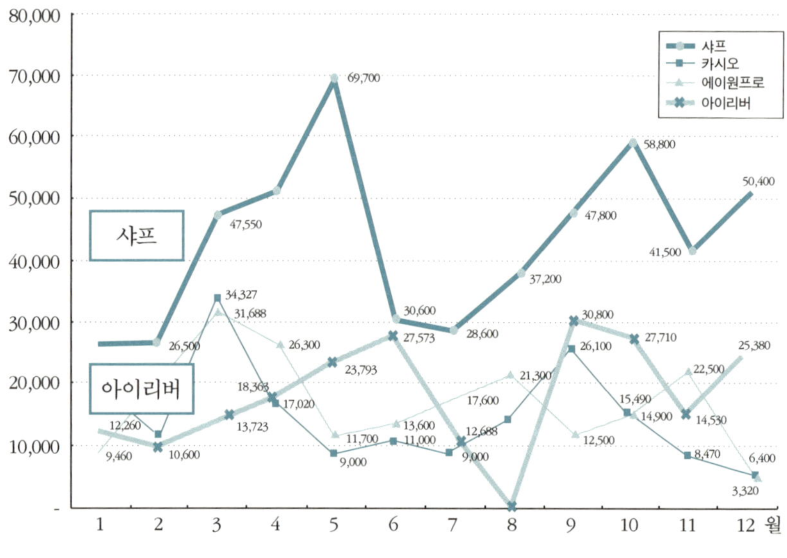

〈표 2-7〉 2005년 전자사전 판매량(오프라인)

과 새로운 가치를 구축하고자 하는 역량이 상승효과를 거두었기 때문
이다. 아이리버 딕플의 성공에 주효했던 시너지 효과에 대해서는 다음
장에서 자세히 살펴보자.

강물이 모여
바다를 이룬다

브랜드 공유를 통한 신규 시장 진입

기업은 시장점유율을 높이거나 새로운 시장을 개척하기 위해 신제품 개발에 막대한 노력을 기울인다. 또한 기존 업체들이 장악한 시장으로 진출할지, 새로운 시장을 창출할지를 놓고 여러 가지 고민을 하게 된다. 이런 목표 시장에 대한 실마리를 찾은 뒤 기업들은 제품에 대한 콘셉트를 설정한다. 제품의 콘셉트란 소비자의 욕구를 충족시켜주는 제품의 핵심 편익을 개념화한 것을 말한다. 다시 말해 추상적인 아이디어를 소비자에게 필요한 도구로 구체화한 것으로, 고객은 이러한 콘셉트를 구매한다고 할 수 있다. 따라서 새로운 시장에 효과적으로 진입하기 위해서는 제품의 콘셉트가 소비자에게 명확하게 포지셔닝 돼야 한다.

위의 단계에 이어 기업은 신제품에 어울리는 새로운 브랜드 명칭을 만든다. 이 과정에서 신제품의 콘셉트와 브랜드 명칭과의 연계에 대해

심사숙고하는 것은 당연하다. 기존에 가지고 있는 브랜드 명칭을 사용할 것인가 아니면 새로운 이름을 개발할 것인가 또는 기존 브랜드 명칭과 새로운 브랜드 명칭을 혼합할 것인가 하는 결정도 필요하다.

이와 관련하여 기업은 브랜드 확장(Brand Extension)을 고려하게 된다. 브랜드 확장이란 소비자들에게 이미 친숙하고 인지도가 좋은 모 브랜드(Parent Brand)의 후광을 입어 신제품을 출시하는 것을 말한다. 이는 기업의 입장에서 매우 중요한 문제이다. 새로운 브랜드를 만들고 이를 소비자에게 알리기 위해서는 적지 않은 마케팅 비용이 요구되는 바, 이를 소비자들이 얼마나 받아들일지는 미지수이기 때문이다.

이러한 상황에서 브랜드 확장 전략은 기업의 기존 제품을 믿고 사용해온 소비자들에게 신제품에 대한 불안감을 해소시켜준다. 또한 마케팅 비용 절감과 함께 모 브랜드와 확장된 신규 브랜드와의 결합으로 시너지 효과를 창출할 수 있다. 결국 이러한 요소들이 결합되어 시장점유율이 증가하고 회사에 경영 성과를 가져오는 것이다.

이는 아이리버가 MP3 플레이어 선도업체로서 브랜드 명칭을 전자사전 브랜드로 확장한 사례에서도 확인할 수 있다. 아이리버가 진입 당시 전자사전 시장은 샤프전자가 50퍼센트 이상 점유율을 보이며 1위를 차지하고 있었고, 그 뒤를 아이리버, 행남통상, 에이원프로 등이 추격하고 있었다. 전자사전 선호도 조사에서 샤프전자는 61퍼센트에 달하는 막강 브랜드 파워를 자랑했다.

시장조사기관인 GFK에 의하면 아이리버의 딕플은 시장점유율 20~30퍼센트로 예상되며, 성공적인 시장 론칭을 했다고 평가받고 있습니다. 위의 시장점유율에서 알 수 있듯이 아이리버 브랜드가 전자사전 이용 계층에게 상당히 어필하는 것으로 판단됩니다. 아이리버 브랜드 파워를 고스란히 전자사전 시장에서도 활용할 수 있었다는 점이 성공 요인이라 할 수 있습니다.

(아이리버 경영기획팀 인터뷰 자료)

개인휴대용 음향기기 전문업체인 아이리버의 브랜드 선호도는 샤프전자의 브랜드 파워와 대등한 위치에 올라 있다. 아이리버는 MP3 플레이어 부문에서 국내 점유율 1위 브랜드로, 인터파크에서는 2004년 하반기 MP3 플레이어 전체 판매량 대비 22퍼센트라는 점유율을 기록하여 확고부동한 1위임을 입증했다.

이러한 기존 브랜드의 이점을 십분 발휘하여 2005년 1월 '아이리버' 라는 이름으로 전자사전 시장에 첫발을 내딛었다. 그 당시만 해도 전자사전은 직장인 혹은 학생들의 학습용 기기라는 인식에서 탈피하지 못했다. 10대 대중의 엔터테인먼트 기기인 MP3 플레이어 선두기업인 아이리버는 전자사전에 대해서도 기존 기업과는 다른 콘셉트를 이끌어냈다.

공부하는 기기보다는 가지고 노는 기기라는 측면을 강조했습니다.

(아이리버 경영기획팀 인터뷰 자료)

그래서 결정한 제품 콘셉트가 '에듀테인먼트' 이다. 교육(Education)과 엔터테인먼트(Entertainment)의 합성어인 에듀테인먼트야말로 MP3

플레이어와 전자사전의 기능을 컨버전스한 딕플의 전략을 잘 설명해
준다.

시장 진입과 동시에 시장 규모를 키우지 않으면 승산이 없다는 판
단 아래, 기존의 전자사전 마케팅을 답습하지 않고 타깃 소비자층을
기존 전자사전의 주요 소비층인 공부만 열심히 하는 이른바 너드* 계
층에서 공부도 열심히 하고 놀기도 잘하는 신세대 계층으로 확대하는
전략을 세웠습니다.

(아이리버 경영기획팀 인터뷰 자료)

딕플은 제품명에서부터 이러한 콘셉트의 기틀을 확인할 수 있다.
기존 전자사전은 대부분 '-dic(딕: 사전을 의미함)'으로 끝나 주요 기능이
전자사전 기능에 있다는 점을 소비자에게 알려준다. 딕플(Dicple)이라
는 제품명은 사전(Dictionary)과 플레이어(Player)의 준말로, 엔터테인먼
트 기기인 MP3 플레이어와 학습을 위한 사전이 융합된 컨버전스 기기
임을 암시한다. 전자사전 이용자층과 MP3 플레이어의 이용자층이 상
당 부분 겹치면서 고객 유인효과를 극대화할 수 있으리라는 판단에서
이 같은 이름을 붙인 것이다.

광고로 소비자의 마음을 두드린다
광고는 기업에게는 소비자와의 의사소통을 더 쉽게 하기 위한 수단이

너드nerd: 두뇌는 명석하나 세상물정 모르는 사람

며, 소비자에게는 제품에 대한 개념과 정보를 이해하도록 돕는 창구가
된다. 최근 들어 매체 시장이 빠르게 변화함에 따라 신제품이 아무리
훌륭하다고 해도 소비자에게 제품을 어떻게 알리느냐가 경영 실적을
좌지우지하는 요인으로 작용한다. 아이리버 딕플은 적절한 광고 기법
과 스타 마케팅이 제품의 성과에 얼마나 기여하는지 잘 보여준다.

2005년 초, 아이리버가 선보인 전자사전 딕플의 광고가 시청자들
사이에서 화제를 모았다. 전자사전에 MP3 플레이어 기능을 추가한 딕
플의 광고는 시청자들에게 친숙한 '쉘위댄스(Shall we dance)'를 배경음
악으로 스타 김태희의 지적이고 귀여운 모습을 연출함으로써 좋은 반
응을 얻었다. 딕플의 첫 모델이 출시된 2005년 1월은 전자사전 연중판
매의 절반을 차지하는 2~3월 신학기 시즌을 앞두고 있었다. 소비자에
게 짧은 기간 동안 강렬한 인상을 심어주기 위해 빅모델 활용 전략을
내세운 것이다.

두 가지 기능을 가진 제품의 독창성을 효과적으로 광고에 표현한
데다 딕플의 이미지와 딱 맞는 모델을 기용한 정책이 유효했던 것으로
판단됩니다.

(아이리버 경영기획팀 인터뷰 자료)

현대 대중문화는 단순한 문화 차원에서 벗어나 하나의 거대한 산업
으로 자리 잡은 지 오래이고, 이에 비례하여 대중 스타들의 이미지 역
시 좋아졌다. 스타마케팅은 인지도가 높은 스포츠·영화·방송 등의 대
중 스타를 내세워 기업의 이미지를 높이려는 마케팅 전략이다.

새로운 콘셉트의 시장 창출을 위해서는 고객들에게 강렬한 이미지를 심어주는 것이 급선무라고 판단했습니다. 그래서 당시 최고의 인기를 누리고 있으면서 학구적인 이미지를 풍기는 김태희를 모델로 섭외했습니다. 결과적으로 스타마케팅으로 고객들에게서 폭발적인 관심을 이끌어냈습니다.

(아이리버 경영기획팀 인터뷰 자료)

그리고 아이리버는 연초부터 일주일 동안 티저* 광고로 딕플을 소개했다. 예상외로 경쟁업체의 반응 또한 긍정적이었다. 샤프전자 관계자는 "그동안 유명인을 기용해 인쇄 광고를 한 사례는 있었어도 TV 광고를 내보낸 건 전자사전 업계에서 아이리버가 처음이다"라며 전자사전을 일반인에게 알리는 데 많은 기여를 했다고 평가했다.

결과적으로 이 광고는 딕플이 최초의 MP3 전자사전으로 인식되는 강력한 효과를 가져왔다. 실제로는 에이원프로가 2003년 12월 초, 최초로 MP3 전자사전을 출시했으나 고객의 관심을 끌기도 전에 사장될 수밖에 없었던 사례를 생각하면 희비가 극명하게 대비되는 결과이다. 이는 그동안 전자사전업체들이 홍보에 취약했다는 점과 광고의 힘이 얼마나 중요한가를 다시 한 번 알게 해준다.

티저Teaser : '괴롭히다'라는 의미의 'Tease'에서 유래한 것으로 상품에 대한 직접적인 노출을 피한 채 소비자들의 호기심을 자극하는 형태의 광고 기법이다.

오감을 자극하는 디자인

최근 디자인과 색상이 눈에 확 띄는 제품의 판매량이 꾸준히 증가하는 추세이다. LG전자의 초콜릿폰이나 모토로라의 레이저폰 같은 경우에도 색깔과 디자인이 주는 감성이 결정적으로 고객들에게 어필했다. 그 외에도 여러 분야에서 차별화된 디자인과 색상을 통한 마케팅의 열기가 뜨겁다.

IT 분야에서 디지털화가 급진전되는 가운데 기업과 기업 간의 기술 격차가 점점 줄어들면서 소비자의 제품 구매 결정 요인이 기술이나 기능적 측면에서 디자인, 색상 등 감성적 측면으로 점차 옮겨가고 있다. 이러한 감각적인 요소들은 IT 기기의 주요 소비자인 신세대뿐만 아니라 기성세대에게도 크게 어필하면서 기업이 간과할 수 없는 제품 성공 전략의 일부로 자리 잡았다.

후발업체인 아이리버는 감성적 차별화를 중요 포인트로 인식했다. 당시 타사 경쟁 제품은 학습용 기기라는 점에서 대부분 알루미늄빛 회색의 네모지고 투박한 형태가 주류를 이루었다. 10대 중심의 엔터테인먼트 기기인 MP3 플레이어의 선도업체 아이리버는 MP3 플레이어 시장에서 쌓아온 노하우를 토대로 파격적인 디자인과 레드 컬러를 전자사전 시장 최초로 도입했다. 아이리버만의 '발상의 전환' 을 시도한 것이다.

'공부하는 기기' 보다는 '갖고 노는 기기' 라는 측면을 강조한 것이죠. 그러다 보니 휴대용 기기의 디자인 측면에 강조점을 두게 되었고 마케팅 포인트로 활용하게 됐습니다.

(아이리버 경영기획팀 인터뷰 자료)

바로 그 디자인의 뒤에는 '이노 디자인'이라는 파워가 있다. 아이리버의 양덕준 사장과 이노 디자인의 김영세 대표의 만남은 디지털 제품에서도 디자인의 중요성을 여과 없이 보여주었다.

보통 제품을 설계하면 이에 맞게 디자인하는 것이 일반적인 전자제품의 개발 과정인데, 아이리버는 디자인팀이 먼저 디자인을 제시하고 나면 기술자들이 디자인에 맞추어 기술을 개발했다. 이는 앞서 초콜릿폰 사례에서도 볼 수 있는 디자인 중심 신상품 개발 전략이다. 그만큼 디지털 상품에서 감성적 요소인 디자인이 중요하기 때문이다. 기술과 디자인의 조화로 아이리버는 자연스럽게 소비자들이 선택하는 브랜드로 자리매김하게 됐다.

두드려라 그러면 열릴 것이다

제품 성공 요인으로 크게 작용한 요소가 디자인이지만, 아이리버는 자체 디자인실을 가지는 대신 세계적 디자인 기업인 이노 디자인과 제휴를 맺었다. 그러면서 모든 제품의 외관에 'DESIGNED BY INNO'라는 문구를 넣어 이노 디자인의 브랜드 파워를 지연스럽게 아이리버 브랜드로 흡수했다.

디자인에 대한 아이리버의 열정은 회사 설립 초기 MP3 CD 플레이어 시장으로 진출할 때부터 경쟁 상대인 하빈의 엑소니언(EXONION) 브랜드를 침몰시키는 원동력이 되기도 했다. MP3 플레이어를 만드는 과정에서 이노 디자인과의 제휴로 얻은 강점을 MP3 전자사전에도 그대로 적용하여 경쟁사와의 차별을 꾀했다.

전자사전 개발에서 '사전'이라는 콘텐츠 선정은 물론 간과할 수 없

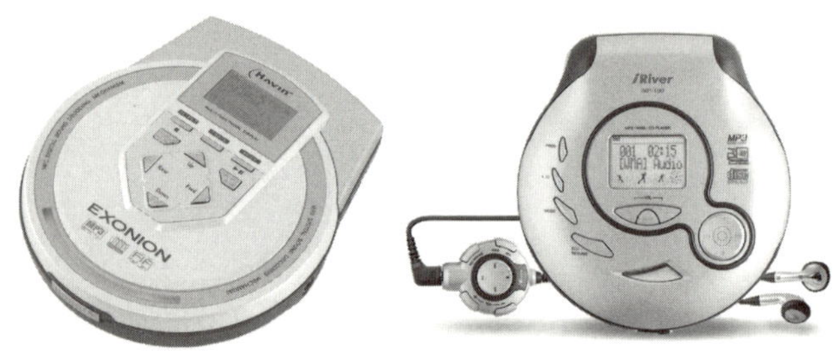

〈사진 2-6〉하빈 엑소니언 MP3 CD 플레이어(왼쪽)과 아이리버 MP3 CD 플레이어(오른쪽)

는 중요한 요소이다. 1980년대 초등학생이 전과의 양대 브랜드 '표준전과'와 '동아전과' 중 하나를 선택하는 기준은 단지 브랜드의 이미지가 아니라 콘텐츠의 풍부함과 정확성이었다. 여기에 기초하여 아이리버는 가장 풍부한 사전 콘텐츠를 제공하는 YBM 시사와 제휴를 맺어 '올인올(ALL-in-ALL)'이라는 사전을 딕플에 수록했다. 이로써 경쟁사에서 가장 많이 사용하는 'e4u 영한사전'보다 압도적인 표제어와 어휘 수를 보유하게 되었다.

아이리버는 이에 그치지 않고 부가적인 풍부함과 정확성을 구현하기 위해 지속적인 업데이트가 가능하도록 설계했다. 두 회사의 사장은 두 제품 간의 시너지 효과를 아래와 같이 강조했다.

e4u 영한사전		올인올 영한사전	
표제어수	어휘수	표제어수	어휘수
140,362	약220,000	204,887	약460,700

〈표 2-8〉e4u와 올인올 어휘 수 비교

"그동안 외국계 업체들이 독식하던 전자사전 시장에 국내 MP3 플레이어 1위 업체와 어학 콘텐츠 1위 업체가 손을 잡고 진출한다는 데에 의미가 있다."

이렇듯 각기 특성이 다른 전문회사와 함께 손을 잡는 것은 핵심 역량만 남기고 나머지는 각 분야의 최고에게 맡긴다는 아웃소싱의 기본 전략이기도 하다. 또한 각 분야에서 검증된 인력을 투입함으로써 품질을 높일 뿐 아니라 비용을 절감하는 효과도 누릴 수 있다. 이처럼 아이리버는 이노 디자인과 YBM 시사와의 전략적인 제휴를 통해 강력한 시너지를 창출하는 데 성공했다.

전략적 제휴,
절묘한 궁합

시너지 전략의 핵심 요소

융합상품의 핵심 요소 중 하나인 시너지 효과를 창출하기 위한 전략은
다음과 같이 정리해볼 수 있다.

첫째, 기존 브랜드를 적극적으로 활용하라

하루에도 수십 개의 브랜드가 탄생하고 소멸하는 시장 환경에서,
아무리 회사가 제품을 위해 사력을 다했다 해도 현실적으로 시장에 나
와 있는 상품 모두가 소비자들에게 선택받을 수는 없다. 그러나 딕플은
MP3 플레이어 제품군에서 쌓은 강력한 브랜드 파워를 기반으로 기존
전자사전과 전혀 다른 콘셉트를 내세워 소비자들을 공략하는 데 성공
했다.

후발업체라도 기존 브랜드 명칭의 도움을 받는다면 성공적으로 시

장에 진입할 수 있다. 아이리버는 기존의 아이리버 브랜드 명칭을 전자사전에 사용하여 '아이리버 딕플' 이라는 로고로 소비자와의 커뮤니케이션을 간결하고 명확하게 했다. 이를 통해 마케팅 비용을 적게 들이면서도 브랜드 인지도와 상품의 속성을 쉽고 효과적으로 전달할 수 있었다.

둘째, 광고의 시너지 효과를 노려라

딕플은 학습용 전자사전이라는 점을 감안하여 당시 서울대학교 재학생이던 배우 김태희를 모델로 내세움으로써 제품의 이미지를 최대한 부각시켰다. 스타시스템에 입각한 빅모델의 활용은 자칫 제품의 일관성을 잃을 수 있지만, 당시 〈러브 스토리 인 하버드〉라는 드라마에 출연하면서 절정의 인기를 누리던 김태희의 지적이고 스마트한 이미지가 제품의 이미지와 적절히 맞아떨어져 학생들뿐만 아니라 학부모의 반응 또한 좋았다. 그리고 국내 최초로 제품에 레드 컬러를 도입하여 소비자의 기대감을 한층 높였다.

또한 출시 일주일 전부터 방송한 티저 광고는 제품에 대한 호기심을 불러일으켰고, 출시 이후 본 광고에서는 시청자의 시야를 더욱 넓혀 전편의 광고 문구로만 소개됐던 제품의 궁금증을 하나하나 해소해주어 고객의 관심을 끌었다. 이러한 결과로 딕플은 '즐거운 학습' 이라는 전자사전의 이미지 메이킹에 성공했다.

셋째, 디자인의 시너지 효과를 노려라

'기술=성공' 이란 인식은 최근 들어 디자인과의 결합을 통해 더 증

폭되고 있다. 더구나 기술 간 격차가 줄어든 현 상황에서는, 제품의 외형과 포장, 부수적인 액세서리 등이 구매 요소에 중대한 영향을 미치기 마련이다.

아이리버의 딕플은 이러한 점에서 기존 전자사전업체와 비교하여 경쟁 우위를 점하고 있었다. 특히 차가운 이성을 대변하는 디지털 제품과 감각과 감성을 대변하는 패션 그리고 디자인의 결합은 기존 전자사전의 트렌드에 막대한 변화를 몰고 왔다.

넷째, 나에게 없는 것은 주변에서 취하라

신규 진출하는 사업 분야에서 짧은 시간에 성과를 끌어올리기 위해서는 자체 역량만으로 버거울 때가 있다. 그렇다고 해서 준비 기간을 충분히 가지고 자체 역량을 키우려 한다면 신규 진출을 노리던 분야는 이미 새로운 시장이 아닐 수 있다.

당장 가지고 있지 않은 역량은 전략적 제휴로 보충할 수 있다. 아이리버는 부족한 디자인 역량을 재빨리 파악하고 기존 MP3 플레이어 디자인을 담당해오던 이노 디자인에 MP3 전자사전의 디자인을 의뢰했다. 또한 전자사전에 반드시 필요한 사전 콘텐츠는 그 분야에서 최고로 일컬어지는 YBM 시사와 제휴했다. 이러한 전략적 제휴는 관계를 맺은 각 회사에 모두 상승효과로 작용하여 기업 이미지에 긍정적인 영향을 주었다.

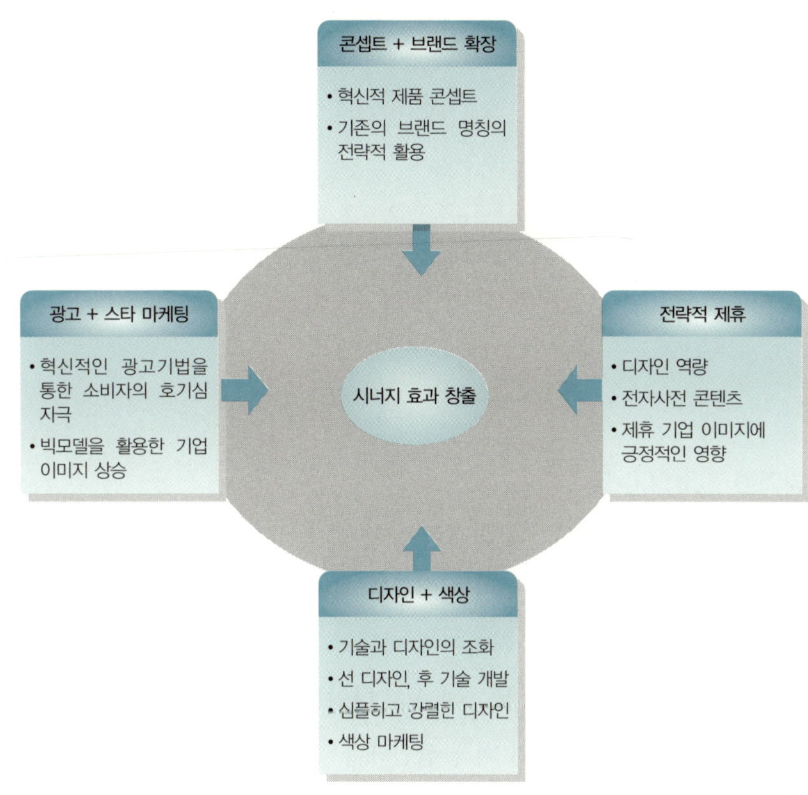

〈표 2-9〉 시너지 효과 창출의 4가지 요소

새로운 승부수,
시너지

강력한 전략의 수립

시장 진출의 성공 여부가 불확실한 상황 속에서 기존의 업체와 효과적인 경쟁을 하기 위해서는 주변 기업들과 적절한 제휴를 하여 시너지 효과를 창출해야 한다. 특히 컨버전스 제품의 경우 제조업체뿐 아니라 콘텐츠, 소프트웨어 등 여러 분야에 걸쳐 다양한 기업과 이해관계가 얽혀 있기 때문에 이러한 제휴가 더욱 절실하다.

신규 시장에 성공적으로 진출하기 위해서는 기존 마케팅 전략을 바탕으로 새로운 개념을 세우는 전략이 필요하다. 각 마케팅 요소의 적절한 조합은 시너지 효과를 가져다준다. 기존 제품에 대한 소비자들의 신뢰를 바탕으로 신규 제품에 대한 고객의 반응을 극대화하는 방법은 시너지 효과를 중시하는 마케팅 전략으로 가능하다. 광고 콘셉트와 기능의 시너지, 디자인과 신기술의 시너지, 기존 브랜드 이미지와 신제품

명칭의 시너지 등 기대하지 않는 곳에서 그 효과가 발생할 수 있다.

이렇듯 제품 출시에서 각기 독립적이라고 생각했던 요소들이 하나의 틀 안에서 시너지를 낼 수 있다면 그 파괴력은 엄청나다. 우리가 생각지도 못한 새로운 시장을 창출하며 제품을 더욱 돋보이게 하는 마술이 될 수 있다.

F lexibility

U niqueness

S tylish

S ynergy

I nnovation

O riginality

N etwork

5장

혁신,
그에게로 가서
꽃이 되어라

> 많은 기업들이 제품을 출시하면서 소비자의 뜨거운 호응을 바란다. 그리고 소비자의 반응 하나하나에 민감하게 반응한다. 그러나 정작 제품을 기획하는 단계에서는 소비자 분석에 철저하지 못하다. 소비자들이 지금껏 기다려온 바로 그 기능을 만들어 내놓는데, 좋아하지 않을 사람이 누가 있으랴!

혁신은
바람과 함께 온다

친숙함의 매력

2005년 여름, TV 앞에 앉은 수많은 시청자들이 나이 스물아홉 먹은 한 여자와 사랑에 빠진 일이 있다. 바로 드라마 〈내 이름은 김삼순〉의 주인공이다. 다른 드라마의 여주인공같이 화려하지도 예쁘지도 않고, 그렇다고 능력이 출중한 커리어우먼도 아니다. 평범히디 못해, 눈에 띄는 매력이라고는 약에 쓰려고 해도 찾아볼 수 없는 그녀에게 열광하는 이유를 시청자들에게 물어보면, 하나같이 "옆집 여자 같아서"라고 얘기한다. 아이러니하다. 온갖 트렌디한 것들은 한 번씩 다루어봤을 만한 똑똑한 제작진이 평범한 우리네 모습 가운데 왜 하필 그녀를 끄집어내어 우리 앞에 데려온 걸까.

물론 많은 이유가 있겠지만 그녀가 우리에게 친숙한 요소들을 많이 갖고 있기 때문일 것이다. 방앗간 집 막내딸이라는 설정부터 기존 드라마의 주인공과는 다른 외모와 성격까지, 현실을 사는 우리가 쉽게 공감할 수 있는 인물이었다. 〈내 이름은 김삼순〉은 시청자의 눈과 귀를 현혹시켜 어설프게 감정을 유도하는 다른 드라마와 달리, 보는 이들이 자신의 내면을 들여다보고 그것을 다시 해석하고 재구성할 수 있기에 더욱 공감할 수 있는 매력적인 드라마였다.

이처럼 우리 주변의 것들을 소비자의 욕구와 기호에 맞게 각색한 많은 콘텐츠가 새로운 문화 코드로 이어지고 있다. 최근 호평을 받고 있는 댄스컬이 바로 그것이다. 관객층이 한정적인 뮤지컬이라는 고급 문화 형식을 빌렸지만 힙합, 재즈, 테크노, 브레이크, 팝댄스부터 역동적이고 세련된 현대무용까지 접목해 재미있으면서도 쉽고 편하게 접근할 수 있도록 했다. '뮤지컬은 웅장하긴 하지만 너무 지루하다', '댄스 공연에는 호쾌함은 있지만 내용이 없다'라는 단점을 모두 보완한 조합이다. 댄스컬은 연기자들과 관객이 뜨겁게 호흡할 수 있는 공연이라는 호평이 이어지고 있다.

'유'에서 '유'를 창조하는 기쁨

이런 것들은 '있는 것 조금 바꾼 것'이라고 단순하게 평가할 수만은 없는, 엄연한 창작의 산물이다. 이미 누구나 알고 있는 것으로 신선한 자극을 주기란 결코 쉬운 일이 아니다. 기존의 것을 남들과 다른 각도에서 해석하고 신선한 느낌으로 각색하기 위해서는 '무'에서 '유'를 창조해내는 것 못지않은 고뇌가 뒤따른다. 그래서 이렇게 탄생한 작품들은 기존의 익숙한 것에서 새로운 무엇인가를 충족할 수 있기에 사람들이 더욱 열광할 수밖에 없다. 이것이야말로 진정한 의미의 혁신이 아닐까.

지금까지 말한 혁신의 의미를 제대로 보여주는 제품이 있다. LG전자의 엑스캔버스(Xcanvas) 타임머신 TV이다. TV라는 상품에 새로운 패러다임을 던져주었다고 해도 과언이 아닐 만큼 그 변화는 시원스럽다. 기존의 TV를 차근차근 다시 조립하면서 VTR의 녹화 기술과 컴퓨터 하드디스크의 저장 기능을 제3자인 TV와 결합한 것이다.

사실 TV를 보면서 재미없는 광고는 뛰어넘고 싶고, 전화를 받거나 화장실에 다녀오느라 놓친 장면을 다시 보고 싶다는 시청자의 욕구는 어제 오늘 이야기가 아니다. 또한 1시간가량의 동영상을 저장할 수 있는 하드디스크도 지금 시점에서는 결코 새로운 기술적 발전이 아니다. 그러나 이런 시청자의 욕구를 해결하기 위해 TV에 동영상을 저장할 수 있는 하드디스크를 탑재한다는 것은 그야말로 혁신적인 재결합이다.

시청자들이 당연히 감수해야 한다고 생각했던 불편한 점을 엑스캔버스는 제품을 재해석하여 개선했다. 그런 다음 TV와 친근한 주변기기에서 핵심 기능들만 살짝 가져왔다. 기발한 아이디어지만 어떻게 보면 무척 쉬운 발상이다. 우리는 이렇게 간단한 것에 박수갈채를 보낸다. 발상의 전환이 가져온 보상이다.

이거, 생방송인데요

2006년 여름, 전 세계를 뜨겁게 달구었던 독일 월드컵이 있었다. 2002년과 같은 기적의 감동은 없었지만, 태극전사들의 땀방울은 온 국민의 눈과 귀를 또 한 번 TV로 집중시키기에 충분했다.

필자는 그 기간에 축구와 관련된 또 하나의 현상에 주목하지 않을 수 없었다. 한국인 최초로 영국 프리미어리그에 진출한 박지성 선수가 모델로 등장한 TV 광고였다. 처음에는 박지성이라는 모델 때문에 보게 됐지만 관심을 끈 것은 광고의 내용이다.

스토리는 이렇다. 아들과 아버지가 나란히 앉아 박지성 선수의 경기를 보는데 공을 차기 직전에 TV를 잠깐 멈추더니, "아빠는 오른쪽, 나는 왼쪽!" 하면서 내기를 걸고 나서 다시 TV를 재생한다. 녹화방송이 아닌 생방송을, 그것도 실시간으로 진행되는 축구경기를 말이다. 이어 박지성 선수가 한마디 한다. "이거 생방송인데요, 가운데!" 그리고 공을 가운데로 차 보낸다. 생방송을 멈추었다가 돌려볼 수 있는 신기한 기능을 강조한 광고이다. 전·후반이 끝나면 잠깐 동안 보여주는 주요 경기장면도 놓칠까 싶어 매번 노심초사하던 필자로서는 무척 반가운 기능이었고, 이런 기술적 발전에 감탄하지 않을 수 없었다. 생방송을 돌려 본다는 게 특이하고 재미있지 않은가?

이처럼 LG전자의 엑스캔버스 타임머신 TV는 소비자의 시청문화를 재해석하여 유용한 기능으로 고객의 구미를 당긴다. 시장 성공의 열쇠는 소비자가 따라갈 수 없는 고차원의 기술과 기능이 아니다. 고객이 가려워하는 부분을 정확히 긁어줄 수 있는 것, 그것도 이미 가지고 있는 기능을 활용할 수 있다면 금상첨화이다. 혁신이란 바로 이런 것이다.

흑백 TV에서
타임머신 TV까지

너도나도 디지털 TV

1954년, 서울 보신각 앞 미국계 기업인 RCA의 한 대리점에서 20인치의 폐쇄회로 TV 수상기를 공개했을 때, 비로소 우리나라에 TV가 보급되기 시작했다. 그러나 1960~70년대까지만 해도 여전히 TV는 부의 상징이었다. 마을 사람들이 한 집에 오순도순 모여 흑백 TV로 드라마나 권투 경기를 시청하며 함께 울고 웃곤 하던 모습은 우리 세대의 추억이다. 그 후 텔레비전 관련 기술의 끊임없는 발전으로 1980년대의 컬러 TV를 거쳐 현재의 DTV(디지털 TV) 시대가 도래했다.

특히 LCD, PDP, RPTV(프로젝션 TV) 등 다양한 제품군의 등장은 DTV 산업의 성장에 큰 흐름을 형성했으며, 이 성장의 중심에 국내 기업들이 우뚝 서 있다. LG전자, 삼성전자 등 국내 기업들은 현재 DTV 분야에서 전 세계 시장을 선도하며 판매량뿐만 아니라 기술경쟁력에서도 경쟁사를 능가하는 우수함을 자랑한다. LG전자는 엑스캔버스라는 독자 브랜드를, 삼성전자는 '파브(PAVV)'라는 브랜드를 내세워 기술 경쟁이 한창이다.

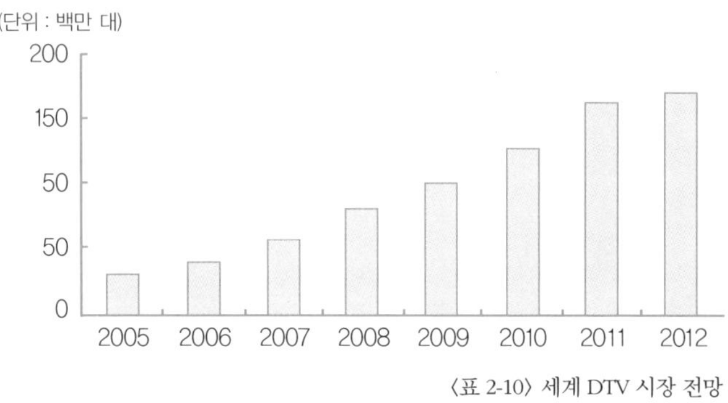

〈표 2-10〉 세계 DTV 시장 전망

미국 금융회사 메릴린치(Merrill Lynch)는 2005년 보고서에서 전 세계 DTV 시장이 〈표 2-10〉과 같이 2010년에는 약 1억 2,500만 대, 2015년 1억 6,000만 대 그리고 2020년에는 약 1억 7,000만 대 규모로 확대될 것으로 예측했다. 이처럼 급속한 성장세에 있는 산업을 국내 기업들이 주도한다는 사실은 자랑스러운 일이 아닐 수 없다. 이러한 산업의 주도는 기술적 우위와 더불어 제품의 가치를 높이기 위한 다양한 활동이 있을 때에만 가능하다.

LG전자는 소비자 지향의 기능 개발 시스템으로 제품 혁신을 위해 부단히 노력하고 있으며, 시장의 반응 또한 매우 긍정적이다. 특히 엑스캔버스 타임머신 TV는 소비자가 원하는 바를 정확히 파악하여 고차원의 기술과 접목했다는 점에서 시사하는 바가 크다.

그렇다면 LG전자는 엑스캔버스라는 브랜드의 탄생에서부터 '타임 머신'이라는 기능의 개발에 이르기까지 아이디어 수집, 기획과 연구 개발, 제품화, 시장 출시 과정에서 과연 어떠한 성공의 열쇠를 쥐고 있었을까?

첨단 엑스캔버스의 탄생

2000년 봄, LG전자는 남다른 목표를 가지고 TV 분야의 새로운 브랜드를 론칭하고자 했다. 고급 브랜드로 포지셔닝하기 위해서는 LG전자라는 기존 브랜드 이외에 프리미엄 브랜드가 필요했다. 이를 위해서는 먼저 세계적인 기술력이 바탕이 돼야 한다고 생각했다. 이제 막 전쟁이 시작된 디지털 TV 분야로 타깃을 정하고, 그 분야에서 세계 최고 브랜드를 육성하기 위한 채비를 갖추어나갔다.

새로운 브랜드에 대한 프리미엄 전략은 슬슬 윤곽을 드러냈지만, LG전자는 출시를 코앞에 둔 2000년 4월, 한참을 끙끙 앓아야 했다. 신제품 출시 시점은 째깍째깍 다가오는데, 정작 브랜드 명칭을 정하지 못한 탓이다. 당시 디지털 TV 상품기획팀을 이끌었던 한 관계자는 이렇게 이야기했다.

"브랜드 컨설팅 업체로부터 여러 후보 이름을 받아놓긴 했죠. 디지털 제품들이 쏟아져나오던 시기여서 디지털을 반영한 이름들이 많았습니다. 밀레니엄(새천년) 관련 이름도 있었고……."

"출시가 임박했으니 실무진에선 후보 이름 가운데 하나를 골라 결정할 것을 제안했는데, 최종 의사결정 때 반려됐습니다. 애초 일정대로 제품은 일단 출시하고 더 좋은 이름을 찾아보자는 쪽으로 정리됐죠.”

결국 제품들은 LG 마크만 붙인 채 ‘이름 없는 신생아’ 상태로 시장에 첫선을 보였다. 그로부터 ‘엑스캔버스’라는 이름을 얻기까지는 넉 달을 더 기다려야 했다. LG전자가 고심 끝에 새 제품에 딱 맞는 이름을 찾기 위해 찾아간 곳은 미국계 브랜드 컨설팅업체인 ‘랜도(Landor)’이다. 랜도는 ‘LG’라는 브랜드를 만들어낸 회사이기도 하다.

2000년 7월, 랜도가 LG전자 쪽에 제안한 이름 가운데 하나가 바로 ‘엑스캔버스’였다. 엑스는 ‘크다’라는 뜻의 ‘extra-large, extreme’을 의미하는 것이고, 캔버스는 ‘평평한 판’과 함께 ‘예술작품’이란 뜻을 아울러 담고 있는 단어이다. LG전자 측은 고급스럽고 첨단의 느낌을 주는 이 이름을 2000년 8월 출시되는 제품부터 적용하기로 결정했다.

후담이지만 브랜드 명칭을 엑스캔버스로 최종 결정하는 데에는 막판까지 진통을 겪었다고 한다. 제품명의 ‘엑스’에서 풍겨지는 부정적 이미지 때문에 최종 결정 과정에서 다른 후보작들과 팽팽한 줄다리기가 벌어졌던 것이다. 이에 대해 실무진에서는 ‘엑스’에서도 얼마든지 긍정적 의미를 이끌어낼 수 있다는 결론에 도달했고 논란은 깨끗이 종식됐다.

점차적으로 LG전자는 엑스캔버스 브랜드를 디지털 TV 관련 분야로 확장하기 시작했다. 디지털 프로젝션 TV, 디지털 PDP TV 등 디지털 TV 관련 전 제품에 엑스캔버스라는 브랜드 네임을 공통으로 사용했다. ‘엑스캔버스 디지털 TV 좋더라’보다는 ‘엑스캔버스 제품이면 믿고 살 수 있어’라는 식의 입소문이 프리미엄으로 인지되는 데 빠르고 큰 효과를 낼 수 있기 때문이다.

사소한 필요에서 시작된 대박의 꿈

1978년 어느 날, 일본 소니의 이부카 마사루(井深大) 명예회장은 음악을 매우 좋아한 나머지, 출장 기간에도 음악을 들을 수 있게 해달라고 오가 노리오(大賀典雄) 사장에게 부탁했다. 오가 사장은 고심 끝에 소니의 기술자들에게 기존의 제품인 프레스맨에서 녹음 기능을 떼어내고 크기를 줄여볼 것을 지시했다. 여러 명의 기술자들이 일주일간 밤낮을 가리지 않고 머리를 맞댄 결과, 스테레오로 음향을 출력하는 주먹만 한 녹음재생기를 탄생시켰다.

소니는 이 손바닥만 한 녹음 재생기에 사운을 걸었다. 걸으면서 음악을 감상할 수 있다는 콘셉트에서 일본식 영어인 '워크맨(Walkman)'으로 이름 붙였다. 여기에 커다란 전축용 헤드폰을 연결했다. 우스꽝스러운 조합이었지만 이부카 명예회장은 크게 만족했다고 전해진다. 그 뒤 워크맨은 세계 시장에서 엄청난 인기몰이를 하며 승승장구했고, '워크맨'이라는 이름은 휴대용 미니플레이어의 대명사가 됐다.

길을 걸으며 음악을 들으면 좋겠다는 상상은 이전에도 누구나 한 번쯤 해봤겠지만 이를 제품 혁신으로 여결시킨다는 발상은 누구도 생각지 못한 것이다. 이처럼 새로운 기능에 대한 아이디어와 일상생활에서 느끼는 사소한 필요가 창조적인 사고의 원천이 된다. 그리고 이는 제품 혁신에 없어서는 안 될 궁극적인 요소로 연결된다.

엑스캔버스도 마찬가지이다. 축구경기를 보다가 피치 못하게 자리를 비워야 하는 스포츠 팬들이나 드라마를 보다가 잠시 부엌일을 해야 하는 주부들이라면 '아, 저 장면에서 잠깐만 멈출 수 없을까?' 하는 생각을 한번쯤 해봤을 것이다. 하지만 그 생각은 '전파를 타고 오는 생방송을 어떻게 나만 멈출 수 있겠어?'라는 단순한 논리에 부딪혀 불편을 감수해야만 했다. 하지만 엑스캔버스가 그 논리를 깨뜨리며 생방송을 멈추었다. 단순히 아이디어만 제시한 것이 아니라, 이를 현실화했다는 점에서 놀라지 않을 수 없는 성과이다.

1995년, LG전자의 한 영상 관련 연구소에서는 인터넷을 통한 VOD 개발에 한창이었다. 그 당시 CTO였던 백우현 사장은 VOD 관련 연구의 한계를 지적하며, 그 기술을 발전시켜 타임시프트(Time-shift) 측면에서 연구할 것을 지시했다. 하지만 2000년 어느 날, 타임머신 기능 관련 보고 중에 고객을 생각하지 않는다는 쓴소리를 듣게 됐다. 단순히 기술의 도입 여부에만 치중하다 보니 고객의 상황을 고려하지 않은 기능 개발이 진행되고 있다는 것이다.

논의 끝에 기술 및 기능을 통칭한 '타임머신'이라는 쉬운 용어를 사용하여 소비자들에게 친숙하게 다가가고, 앞으로의 개발 전 과정에도 철저한 고객조사가 전제돼야 한다는 것으로 결론을 내렸다.

실패를 딛고 다시 도전

TV에 녹화 기술을 접목시켜 타임머신 기능을 구현한다고는 하지만 녹화를 하면서 동시에 재생을 가능케 하는 것은 쉽지 않은 작업이었다. 그러나 실시간의 개념을 확장하기 위해서는 녹화 기능이 필수적이었다. 이후에 타임머신 기능에 필요한 칩을 개발하고, 타임머신의 기본적인 알고리즘을 만들었다.

LG전자의 한 가지 큰 위안거리는 당시 경쟁사들이 타임머신에 필요한 주요 기술을 개발하지 못했다는 점이었다. 자연히 관련 정보의 유출에도 신경 써야 했지만, 충분히 감당할 수 있는 부분이었다. 또한 의욕적으로 고객들의 반응을 살핀 결과, 타임머신이라는 아이디어 자체는 단순하면서도 아주 긍정적인 평가를 얻을 수 있었다. 2002년 6월, 드디어 타임머신 기능을 탑재한 셋톱박스(set top box)를 출시했다. 얼리어답터*들에게는 매우 획기적인 상품으로 호평받았으나, 셋톱박스의 매출은 기대에 미치지 못했다. 그 이유는 3가지로 압축됐다.

첫째, 디지털 TV와 셋톱박스가 분리되어 있었기 때문에, 타임머신 기능을 이용하려면 두 제품을 모두 구입해야 했다. 따라서 자연히 가격적인 측면에서 경쟁력이 떨어질 수밖에 없었다. 특히, 셋톱박스의 가격은 초기에 150만 원까지 할 정도로 비쌌다. 여기에 소비자들의 반응은 냉담했다.

둘째, 우리나라 사람들은 모든 기능이 하나로 해결되는 것을 선호한다. 즉, 따로따로 기기를 구입하는 것을 거추장스러워할 뿐 아니라 굳이 안 해도 될 일을 하는 듯한 거부감을 느낀다.

셋째, LG전자의 기술 개발이 시장 상황보다 너무 앞서나간 측면이 있었다. 당시 국내에서는 디지털 방송이 이루어지지 않았기 때문에, 고객들은 타임머신 기능의 필요성을 크게 느끼지 못했다.

결국 실패는 성공의 어머니라고 했던가!

기대에 못 미치는 반응에 자극을 받은 LG전자는 실패 요인을 개선하기 위해 셋톱박스의 내장화 연구를 시작했다. 이미 보유한 기술을 가지고 개발하는 것이라지만 만만하게 볼 일이 아니었다. 모든 기능이

얼리어답터early adopter : 초기 수용자

TV의 평균 수명인 10년 동안 제대로 작동해야 하기 때문에 기술 수준이 높아야 했다. 모든 것을 해체하고 새로운 설계가 필요한 시기였다.

성공적인 마케팅 전략은 생활습관을 바꾼다

결국 2004년 2월, 셋톱박스를 내장한 제품이 처음 출시됐다. 프로젝션 TV에 적용한 상품이었다. 그러나 셋톱박스 출시 때와 마찬가지로 시장의 반응이 그렇게 좋지만은 않았다. 해외 시장에서는 2005년 3월 처음으로 북미에서 타임머신 TV를 출시했으나 역시 매출은 미미했다. 무언가 잘못된 것이다. 도대체 무엇이 문제인 것일까!

LG전자는 이유를 찾기 위해 소비자 조사를 2004년과 2005년에 걸쳐 4~5회가량 실시했다. 기획 단계에서 하는 소비자 조사와 실제 제품을 놓고 하는 조사에는 근본적으로 차이가 있었다.

제품을 보지 못한 소비자가 새로운 기술과 기능에 대해 의견을 내는 데에는 한계가 있기 때문이다. 제품이 출시된 이후 소비자들은 어떤 점이 문제가 있고, 어떤 점이 좋은지에 대해 명확한 의견을 보여주었다.

소비자 조사 결과를 토대로 내장화의 정교함을 키우고, 디자인이나 인터페이스를 간결하게 하기로 결정했다. 그리고 기능의 편의성을 높이는 데 더 집중했다. 또한 소비자가 선택 범위를 넓힐 수 있도록 PDP 라인에도 타임머신 기능을 탑재했다. 이런 과정을 통해 엑스캔버스 타임머신 TV는 소비자에게 더욱 가까이 다가갈 수 있었다.

왜 하루에 이를 세 번 닦는지 묻는다면 습관적으로 '하루에 식사를 세 번 하니까'라고 대답하기 마련이지만, 사실 치과 의사들이 권장하는 양치 횟수는 하루 2회이다. '하루 양치 세 번'이라는 규칙은 치약 제조

회사에서 내놓은 마케팅 전략의 성공적인 결과이다. 제품이 소비자들의 생활습관을 바꿔버린 것이다.

엑스캔버스 역시 마찬가지이다. 타임머신 기능이 소비자의 힘을 얻게 되면서 종전의 TV 시청문화를 바꾸어 나가고 있다. 소비자 조사 이후 재정비된 엑스캔버스 타임머신 TV는 2005년 말부터 TV 시청문화를 바꾸기 위한 사전작업을 시작했다. 먼저 LCD 라인까지 타임머신 기능을 적용하면서, 엑스캔버스 타임머신 TV는 명실상부한 디지털 TV의 전천후 최강자가 됐다.

또한 가격 면에서도 시장의 경쟁사 가격에 맞추기 위해 아등바등했던 초기와는 달리 적정 수요층을 형성했다. 소비자 수용성 조사 결과, 평균적으로 경쟁사의 제품보다 47만 원이 비싸더라도 엑스캔버스를 사겠다고 응답하는 비율이 약 30퍼센트에 달했다.

특히 '엑스캔버스하다' 광고 시리즈는 타임머신 TV를 찾는 수요를 크게 증가시켰다. 과거 복사기 제조업체인 제록스(Xerox)사에서 썼던 '제록스하다' 라는 개념에서 착안한 것으로, 엑스캔버스를 주체적 매개물로 표현하여 동시회함으로써 엑스캔버스만의 고유한 영역을 강조했다. TV에 대한 고정관념을 바꾸기 위한 것과 프리미엄 브랜드로서의 이미지를 각인시키기 위한 목적에서였다. TV가 단지 하나의 가전제품이 아닌, 개인별 맞춤형 휴식 도구로써 가치를 높이기 시작한 것이다. 엑스캔버스의 타임머신 기능은 본격적으로 TV의 가치를 높이고 시청문화를 바꾸는 중심에 서게 됐다.

2006년 현재 엑스캔버스는 LG전자의 전체 TV 판매에서 70퍼센트(금액 기준)를 차지할 정도로 회사의 대표 브랜드로 자리 잡았다. 출시 초기 엑스캔버스는 연 1만 대 정도 판매되다가 2007년 4월까지 20만 대가량 팔려나갔다. 그리고 2006년 10월에는 누적판매 100만 대를 넘어섰다. 엑스캔버스에 앞서 1998년 9월 선보인 삼성전자 디지털 TV 파브가 7년 9개월 만인 2006년 6월 누적판매 100만 대를 달성한 것에 견주어도 성장 속도가 빠르다. LG전자는 2006년 PDP 모듈 세계 1위에 이어 2007년 PDP TV 1위, 2008년 LCD TV 1위를 기반으로 2010년까지 글로벌 TV 매출 100억 달러를 달성해 세계 1위 TV 업체로 등극한다는 계획을 세우고 있다.

LG전자 내부에서는 '엑스캔버스하다'를 'TV에 대한 고정관념을 바꾸다'라는 것을 넘어서서 독창적인 아이디어를 통한 혁신 기능의 구현, 기술의 융합, 새로운 브랜드 구축의 대표 주자로 인식하고 있다. 이는 '이제까지와는 다른 새롭고 좋은 것을 취하다', '태도와 관념을 바꾸다', '경쟁사가 할 수 없는 일을 해내다' 등의 유사 의미를 만들어내면서 LG전자 기업 전체의 혁신문화를 선도하고 있다.

타임머신을 타고
미래로

소비자가 기다리던 바로 그 제품

융합상품의 기능 혁신을 위해서는 어떤 점을 중시해야 할까? LG전자 엑스캔버스 사례는 우리에게 구체적으로 어떤 교훈을 주는지 짚어보자.

첫째, 고객의 재발견 : 소비자가 원하는 것을 구현하라

엑스캔버스 타임머신 TV가 성공가도를 달리게 된 가장 큰 원동력은 TV를 보는 시청자의 원초적 욕구를 잘 파악하여 기능화했다는 것이다. 다른 경쟁업체들이 디지털 TV 붐을 타고 좀더 선명한 화질, 입체감 있는 사운드에 혈안이 되어 있을 때, LG전자는 시청자들의 마음에 숨겨진 근본적인 요구를 끄집어냈다.

남편이 9시 뉴스를 보고 있으면, 다른 채널에서 하는 일일 드라마를 볼 수가 없어요. 번번이 비디오테이프를 꽂고 채널을 설정해서 녹화하기엔 너무 번거롭구요. 안방에 TV를 하나 더 설치하든지 해야겠어요.

(한 주부의 말)

교육방송으로 공부를 하는데, 잘 모르는 부분만 집중적으로 여러 번 보는 기능이 있었으면 좋겠어요. 그렇다고 매번 녹화를 하기도 그렇고⋯⋯

(한 수험생의 말)

월드컵 같은 축구 경기를 보다 보면, 순간순간 중요한 장면을 놓칠 때가 많아요. 누가 패스를 해줬는지 궁금하기도 하구요. 스포츠 뉴스에도 그런 장면은 안 나오잖아요.

(한 축구 팬의 말)

우리가 생각하는 일반적인 TV의 역할은 방송국에서 전송하는 프로그램을 받아 시청자들에게 화상과 소리로 전달해주는 것이다. 시청자들은 보고 싶은 채널을 선택할 수는 있지만, 보던 프로그램을 일시 정지하거나 다시 볼 수는 없었다. 이미 지나간 프로그램을 다시 보는 방법은 녹화 기능이 있는 다른 기기를 이용하는 것이었다. 이것은 사실 소비자 지향이 아니다. 소비자는 조금 덜 귀찮고, 비용을 조금 덜 들이면서 공간은 조금 덜 차지하는, 그러면서 원하는 시간에 보고 싶은 프로그램을 볼 수 있는 나만의 TV를 원한다.

소비자의 욕구와 문화를 파악하고 그에 부응하는 기능의 구현!

LG전자 타임머신 TV 성공의 핵심 요인은 바로 여기에 있다. 많은 기업들이 제품을 출시하면서 소비자의 뜨거운 호응을 바란다. 그리고

〈사진 2-7〉 엑스캔버스 PDPTV

소비자의 반응 하나하나에 민감하게 반응한다. 그러나 정작 제품을 기획하는 단계에서는 소비자 분석에 철저하지 못하다. 소비자들이 지금껏 기다려온 바로 그 기능을 만들어 내놓는데, 좋아하지 않을 사람이 누가 있으랴!

타임머신 기술은 아예 없던 것을 만든 것이 아니다. 그렇다고 기존에 있는 것을 그대로 이용한 것도 아니다. 컴퓨터의 저장도구인 하드디스크와 VTR의 녹화 기능을 TV라는 다른 기기에 합쳐 놓으면서 새로운 기능을 만들어낸 것이다.

바로 이것이 컨버전스 제품의 기능 혁신에 관한 중요한 단서를 제공한다. 새로운 기술이나 고차원적인 기능을 개발하는 것만이 능사가 아니다. 기존의 보유 기능이나 기술, 아니면 타제품의 기능이나 기술이라도 혁신적인 아이디어를 통해 재발견하는 것이 중요하다. 즉 혁신제품이라는 것은 새로운 것을 찾는 게 아닌, 기존의 것을 다르게 보는 시각에서 출발한다.

타임머신 TV의 성공 사례에서 발견한 또 한 가지 교훈은 혁신 기능의 구현 지점이 부가상품이나 연결 모듈이 아닌 제품 자체가 돼야 한다는 점이다. 이는 편리하면서도 단순한 제품을 원하는 디지털 시장의 특성을 충분히 고려한 결과이다. 최근의 디지털 시장에서는 더 작고, 더 편리하고, 더 값싸고, 더 예쁜 제품이 사랑받는다. 아무리 고차원적인 혁신 기능이 탑재됐다 해도 거추장스럽고 추가 비용이 많이 소요되는 제품은 디지털 시장의 승자가 될 수 없다.

LG전자는 1990년대 중반부터 혁신 활동을 수행하는 TDR(Tear Down and Redesign)이라는 조직을 운영했다. 기업 구성원들의 역량을 제고하고 부서 간 갈등을 해결하기 위한 것이다. TDR이라는 조직은 각종 제품의 기획과 연구 개발, 생산 과정에 종합적으로 관여했다. 따라서 콘셉트 개발부터 실제 제품이 만들어지기까지의 전 과정을 통합적 관점에서 관리할 수 있었다. 이를 통해 조직이 환경 변화에 융통성 있게 대응하고 새로운 고객의 욕구를 충족시킬 수 있는 해결책을 발 빠르게 제시할 수 있었다.

LG전자가 엑스캔버스 타임머신 TV를 기획하고 개발하는 과정에서도 다른 기업과 마찬가지로 조직 간 의견 충돌이 빈번하게 발생했다. 가장 먼저 연구개발부서를 제외한 타 부서에서 타임머신 기능의 시장성을 의심했을 뿐 아니라, 첫 작품인 셋톱박스가 실패를 겪으면서 좌초 위기를 맞았다. 그러나 연구개발에 대한 CEO나 CTO급의 관심과 부서 간 커뮤니케이션을 위한 신속하고도 적절한 조치는 위기 상황에서 최선의 해결책을 모색하는 데 큰 힘이 됐다.

일반적으로 신상품 기획은 상품기획팀에서 담당하지만 LG전자 타임머신 TV는 기술팀의 주도로 이루어졌다. 타임머신이라는 기술은 연구개발팀이 최초로 기획했으며, 그들의 주도하에 제품이 기획되고 디자인이 고려됐다. 신기술, 신기능 중심의 디지털 컨버전스 제품의 경우 기술팀이 주도함으로써 다양한 의견을 수렴할 수 있으며, 좀더 신속하고 알찬 제품을 만들 수 있다.

결과적으로 TDR이라는 특수 조직의 운영, CEO를 비롯한 임원급의 노력, 기술팀 주도의 기획 과정을 통해 기업 전체의 열린 커뮤니케이션이 성공적인 디지털 명품을 만들어냈다.

이 모든 과정에서 가장 중요한 것은 '고객 관점의 혁신'이다. 제품을 만드는 개발자가 아닌, 제품을 사용하는 고객이 새로움을 느끼도록 해야 한다는 것이다. 타임머신 TV는 LG전자라는 기업 전체가 만들어낸 걸작이다.

'사랑해요. 사랑해요. 사랑해요 LG.'

2001년, 국민들의 폭넓은 호응을 얻은 '사랑해요 LG' 캠페인에 이어 2006년 5월, 5년 만에 재개한 캠페인에는 '사랑해요'라는 추상적인 말 대신 실체적인 LG의 산물이 투입됐다. 바로 엑스캔버스이다.

학교 시험을 앞두고 축구 경기가 보고 싶어 안달이 난 아들과 공부하라며 실랑이를 벌이는 아내를 곁에서 바라보던 남편은 엑스캔버스 타임머신 기술을 이용해 생방송 중인 경기 화면을 정지시킨다. 그리고 가만히 속삭인다.

"나는 오늘 아들을 위해 생방송을 멈췄습니다."

화면을 꽉 채우는 TV 이미지로 엑스캔버스의 타임머신 기능을 부각하고 있다. 광고의 후반부에서는 '기술이 깊을수록 사랑입니다'라는 카피를 통해 감성 코드로 연결했다. 일상에서 흔히 일어날 수 있는 상황을 통해 기능의 혁신과 소비자의 감성을 연결지어 LG전자가 기술과 소비자를 더불어 생각한다는 브랜드 이미지를 전달하고 있다.

이렇듯 엑스캔버스는 프리미엄 브랜드로서의 자리매김을 확고히 하면서 LG전자 기업 전체 이미지를 제고하는 데 선봉에 나서게 됐다. 그러나 처음부터 독자 브랜드로 시장에 우뚝 섰던 것은 아니다. 삼성의 파브가 출시되기 이전에는 TV 시장의 경쟁 구도가 사용자 중심 기능보다 기술 경쟁, 즉 화면의 인치 수에 초점이 맞춰져 있었다. 그러나 경쟁사인 삼성이 프로덕트 브랜드(Product Brand)인 파브를 출시하며 프리미엄 시장으로 경쟁을 유도하자, LG전자에서도 엑스캔버스를 전격 출시하기에 이르렀다.

이미 관련 기술 분야에서 비슷한 수준을 유지하는 프리미엄 시장 안에서 기술 경쟁은 무의미했다. 그래서 엑스캔버스는 사용자의 플로우를 새롭게 그리기 시작했다. 기업 간 이름 따기식의 치열한 경쟁보다는 소비자의 사용성을 중시하자는 콘셉트를 내세웠다. 프리미엄 브랜드로서의 확고한 포지셔닝 전략을 설계한 것이다. 그리하여 출시된 것이 엑스캔버스의 타임머신이다. 경쟁사뿐 아니라 소비자들이 '앗!' 하는 짧은 비명을 지르게 할 만큼 혁신적인 제품이다.

효과는 일파만파 퍼져 엑스캔버스의 프리미엄 포지셔닝을 가속화했고, 모 브랜드인 LG전자에도 긍정적인 영향을 주었다. 프리미엄 브랜드로서의 확고한 의지는 제품의 지향점을 바꿔놓았으며, 실제로 프리미엄 제품을 만드는 데 중요한 구심점이 됐다.

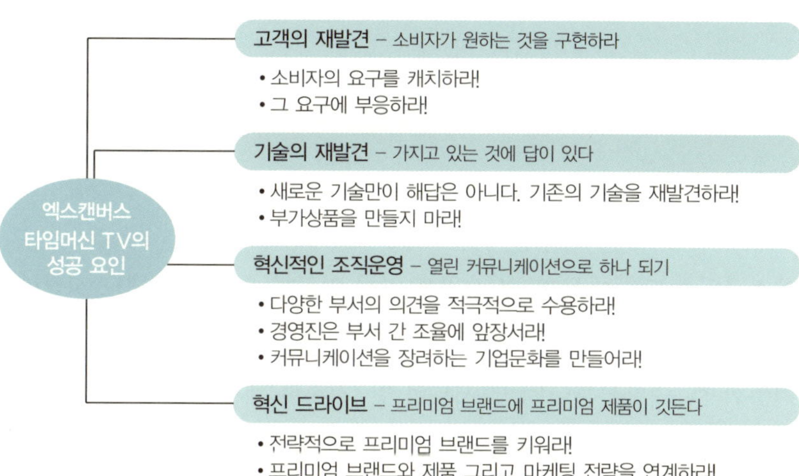

〈표 2-11〉 LG전자 엑스캔버스 타임머신 TV의 성공 요인

혁신은
작은 씨앗에서부터

도전하는 자, 성공한다

엑스캔버스 타임머신 TV의 성공은 앞서 언급한 요인들 외에도 시장에서의 T.P.O(Time, Place, Occasion)의 적절한 조화가 주효했다. 타임머신 기능의 TV 내장화를 최초로 시도한 점, 신속한 제품군 확장 및 보완을 통해 기술적인 면에서 뒤쳐지지 않았다는 점, '타임시프트'라는 어려운 말 대신 '타임머신'이라는 쉽고 친근한 이름으로 소비자에게 다가갔다는 점, 월드컵 시즌과 맞물려 축구 선수 박지성을 광고 모델로 기용하고 엑스캔버스 타임머신 기능을 돋보이게 하는 광고 캠페인을 펼친 점 등이 시간, 장소, 기회라는 복합적인 효과를 냄으로써 인지도와 신뢰도를 성공적으로 쌓을 수 있었다.

LG전자 엑스캔버스 타임머신 TV의 연구개발진과 마케팅 담당자들은 미래 시장에 대한 두려움을 조심스럽게 토로한다. 이전에는 소니 같은 글로벌 기업들을 벤치마킹하고 뒤따르는 입장이었는데, 이제는 그들을 이끌어가야 하기 때문에 선례 없는 연구와 마케팅 전략을 수립하기가 쉽지 않다는 것이다.

제품 기획 단계에서 시작된 아주 작은 아이디어를 제품 개발 과정 내내 조금씩 갈고 닦으면 고객에게 도달할 시점에 이르러 혁신으로 탈바꿈할 수 있다. 창조적 혁신이란 인위적으로 만드는 것이 아니라 기업 곳곳의 작은 씨앗에서부터 탄생한다. 세계 시장을 향한 도전이 방금 동료와 나눈 수다에서 시작될 수도 있는 것이다.

6장

독창적인 콘셉트로 세상을 유혹하라

> 새로운 제품 콘셉트를 현실화하기 위해서는 자사가 보유하고 있는 기술적 노하우를 한 차원 성장시키는 기술적 대안을 모색해야 하는 상황이 발생한다. 즉, 기업은 좋은 콘셉트를 정의함으로써 자연스럽게 기술 혁신을 도모하게 된다. 이는 단지 신기술을 개발하기 위한 것뿐만 아니라 반대로 특정 제품의 사업화를 위한 기술 혁신이 되기도 한다.

콘셉트,
제품의 모든 것

무엇을 넣고 무엇을 뺄 것인가

인터넷으로 전자제품을 구매하다 보면 당황스러울 때가 있다. TV를 시청할 수 있는 냉장고, 영화를 보여주는 네비게이션, 게임을 할 수 있는 휴대폰, 음악은 물론 영화 감상이 가능한 디지털 카메라 등등. 그 기능이 너무 다양해 본래 무엇을 위한 제품인지 명확하게 구분되지 않는 첨단기기들이 소비자들을 유혹한다. 디지털 카메라의 디자인과 화소를 가지고 한참을 고민하다가도 필요하지도 않은 최신 기능으로 중무장한 비싼 카메라를 사고 마는 것이 요즘 일반적인 구매 행태이다. 이와 같이 복잡다양성은 상품을 선택하는 소비자들에게 혼란을 가중시킨다.

최근 소비자들이 컨버전스 제품에 대해 불편을 호소하는 경우가 종종 있다. 복잡하고 비싼 다기능 컨버전스 제품이 반드시 편리하고 좋지만은 않기 때문이다. 오히려 제품 본연의 기능에 충실함으로써 소비자들에게 더 높은 만족을 줄 수 있는 디버전스 기기 시장이 생각보다 크게 우리 주변에서 틈새 시장을 형성하고 있다.

2000년대 이후 국내 디지털 카메라 시장은 본격적으로 성장하기 시작했다. 일본 회사들이 한발 앞서고 국내 기업이 뒤쫓는 형국이었다. 그러나 삼성전자가 동영상 및 MP3 플레이어, PMP 등의 기능이 추가된 제품을 출시하면서 국내에 컨버전스 바람이 불기 시작했고, 이를 바탕으로 기존의 일본 회사들을 맹렬히 추격하는 기업이 하나둘 생겨났다.

그러나 올림푸스, 캐논, 니콘 등의 기존 업체는 오히려 카메라 본연의 목적을 충실히 강화하는 방향으로 신규 라인을 증설했다. 디지털 카메라 원래의 기능을 강화하는 것이 디지털 카메라를 찾는 소비자들에게 우선적으로 중요시되는 부분이라고 판단했기 때문이다. MP3 플레이어, PMP 등 기타 부가 기능은 다음 차원의 문제라고 인식했다.

디지털 카메라 시장 바깥에도 유사한 바람이 불었다. 애플의 아이팟은 부가 기능 하나 없이 오직 MP3 재생만 되는 제품인데도 불구하고 세계 시장을 평정했다. 음악을 더 잘 듣기 위한 스피커 등의 관련 제품 판매가 오히려 호조를 보이고 있는 실정이다. 또한 아이리버 딕플 사례에서 보듯이 전자사전업체인 카시오 역시 부가기능 없는 학습 전용 모델을 출시해 시장에서 여전히 선전하고 있다. 특별히 이렇다 할 새로운 기능이 없는데도 넓은 화면과 빠른 속도를 무기로 시장점유율 20퍼센트 대를 유지하고 있다.

휴대폰의 경우 이런 경향이 더욱 두드러졌다. MP3나 디지털 카메라는 물론이고, 동영상과 게임까지 지원하는 컨버전스폰의 형태를 탈피하는 추세가 증가하고 있다. 그야말로 꼭 필요한 통화 기능만 살린 실속형 모델이 성공하고 있는 것이다.

모토로라의 레이저가 대표적인 예인데, 모토로라는 '휴대폰에 무엇을 넣을 것인가'에서 방향을 전환하여 '무엇을 뺄 것인가'를 고민하는 새로운 개념의 패러다임을 제시했다. 소비자의 감성 트렌드를 위해 과감하게 뺄 것은 빼는 전략을 취한 결과, 모토로라의 새로운 휴대폰 콘셉트는 '휴대하기 간편한 폰'이라는 기본에 충실했다. 카메라, MP3 등의 기능은 그 다음 문제였다. 초콜릿폰도 마찬가지이다. 이러한 전략을 통해 모토로라와 LG전자는 대박을 터트렸고, 이제 휴대폰 시장은 슬림이 완전한 대세를 이루었다.

하지만 제품 본연의 목적을 잘 발휘한다는 것은 단순히 '예전으로 돌아간다'라는 의미는 아니다. 오히려 기능을 추가하고 합치는 것보다 더 많은 기술적 모험과 진보를 필요로 하는 경우도 있다. 따라서 제품이 처음 기획된 시기부터 출시될 때까지, 처음 기획했던 초기 콘셉트를 일관성 있게 지속하는 오리지널 콘셉트*가 무엇보다 중요하다.

신상품 개발에 참여하는 사람들의 말을 빌리면 '초기 콘셉트를 끝까지 유지하면 무조건 성공'이라고 한다. 그만큼 초기에 소비자의 트렌드 및 잠재 요구를 잘 파악해 콘셉트를 만들었다고 해도 개발 과정에서 한결같이 유지하기란 여간 어려운 일이 아니다. 부서 간의 이견 및 기술적 한계 등이 초기 콘셉트를 끊임없이 흔들어대기 때문이다.

초기 콘셉트를 끝까지 잘 유지하여 성공한 제품의 사례를 한 번 살

오리지널 콘셉트Original Concept : 제품의 기획 단계 이전에 디자인, 기능, 대상 소비자 등을 고려하여 개략적으로 제품을 설명한 개념을 말한다.

펴보자. 〈사진 2-8〉의 삼성전자 보르도 TV는 원래 다음 해 봄에 맞춰 선보일 신상품으로 기획됐다. 보르도 TV 개발팀은 디자인, 상품 전략, 회로, 패널, 구매, 소프트웨어, 상품 기획, 마케팅 등 기획부터 판매까지 다양한 구성원이 참여했다. 대개 상품 전략과 기획을 먼저 수립하고 생산 공정을 거쳐 마케팅 계획을 세우는 일반적인 방식과는 전혀 달랐다. 이는 LG전자의 엑스캔버스 사례에서도 목격한 현상이다.

〈사진 2-8〉 오리지널 콘셉트를 잘 유지하여 개발한 삼성전자의 보르도 TV

또 기획 초기에는 소비자의 트렌드를 읽기 위해 매장을 직접 돌며 현장에서 소비자 동향을 모니터했다. 그 결과 '집 안 어느 곳에 설치해도 인테리어와 잘 어울리는 TV, 설치하면 예쁠 것 같은 TV, 꺼져 있어도 예쁜 TV, 기능 중심의 도구가 아닌 고객의 감성을 터치할 수 있는 TV'로 콘셉트를 잡았다. 화질이나 기능을 따져가며 TV를 선택하는 시대는 이미 지났다. 소비자의 트렌드는 명백하게 기능적 TV에서 감성적 TV로 바뀌었다.

좋은 콘셉트란 무엇인가

제품의 콘셉트는 해당 제품이 어떻게 고객의 요구를 만족시킬 것인지를 개략적으로 설명하는 개념이다. 여기에는 제품에 적용된 기술과 작동 원리, 형태 등이 포함된다. 콘셉트가 좋은 제품은 고객들의 요구를 어떻게 만족시키는지 직관적이고도 쉽게 설명한다. 따라서 해당 시장에서 제품의 성공 여부는 콘셉트가 좋고 나쁨에 따라 영향을 받는다. 즉, 초기 제품 콘셉트를 구체화하고 이를 끝까지 유지하여 최종 제품에 반영하는 과정이 제품의 성패를 결정한다.

최근 이루어진 다양한 연구 결과에 따르면, 다음과 같은 4가지 조건을 만족시키는 것이 성공적인 콘셉트라 할 수 있다.

첫째, 제품의 성패를 결정하는 완전성이 있다

완전성(Integrity)은 외부적으로 시장에 잠재된 고객의 기대와, 내부적으로 그 기대를 충족시켜줄 수 있는 기술력을 통합한 콘셉트로 이끌어낼 수 있다.

시장 변화와 기술 개발의 연결고리를 찾기 위해 시장성과 기술성을 결합할 수 있는 조직이 이상적이라는 것은 이미 살펴보았다. 불확실성이 큰 시장에서 신속하게 고객의 요구를 파악하고 이를 기술적으로 실현할 수 있는 조직은 그렇지 못한 조직에 비해 성공할 가능성이 훨씬 크다. 내부의 기술력과 외부 소비자의 요구를 통합할 수 있는 콘셉트는 제품에 대한 간결하고 명확한 메시지를 고객에게 전달함으로써 제품의 성패에 결정적 역할을 한다.

이러한 완전성을 가진 콘셉트의 예로는 구글(Google)의 '악해지지 말자(Don't be evil)'를 들 수 있다. 이 콘셉트는 이윤만을 추구하는 기존 기업의 논리와 차별화된 구글만의 독특하고 자유분방한 사고방식을 잘 보여준다. 그리하여 구글은 정직하고 깨끗한 기업에 대한 고객의 기대를 조직력과 기술력을 통해 조화롭게 실현할 수 있었다.

이처럼 완전성을 가진 콘셉트는 대외적으로는 회사나 제품의 이미지를 제고하고 내부적으로는 구성원들이 함께 지향할 수 있는 좋은 목표를 설정해준다.

잘 정의된 콘셉트는 타 기업의 제품들을 뛰어넘는 가치를 지니며 패러다임의 전환(Product Paradigm Shift)을 가능하게 한다. 즉, 차별화된 콘셉트는 소비자들의 패러다임 자체를 바꾸며, 이와 같은 혁신이 신제품을 성공으로 이끈다.

삼성전자의 휴대폰 브랜드 애니콜 콘셉트인 '디지털 익사이팅(Digital Exciting)'은 차별화된 패러다임을 잘 보여준다. 당시 타사의 휴대폰 제품 콘셉트는 휴대폰의 주사용 목적인 전화 송수신 기능에 초점을 맞추었다. 하지만 삼성전자의 애니콜은 휴대폰을 통해 경험할 수 있는 '재미'에 초점을 맞추는 차별화된 콘셉트를 강조했다. 단순한 전화 송수신 기능만을 위한 기기가 아니라 휴대폰 자체가 하나의 재미있는 경험이라는 패러다임의 변화를 시도한 것이다. 예를 들면 '동작인식폰' 혹은 '비트박스폰'으로 알려진 삼성전자의 SCH-S310의 경우도 차별화된 콘셉트가 잘 반영된 제품이다.

소비자의 요구 사항을 바탕으로 한 제품 콘셉트를 도출할 때 기업은 기존에 가지고 있는 기술력을 접목한다. 이때 대부분 새로운 신기술을 개발할 필요성이 대두된다. 운이 좋으면 기존의 기술을 약간 변형함으로써 비용을 절약하면서도 소비자의 기대에 부응하는 제품을 만들수 있다. 그러나 대체로 현재 기업이 보유한 기술로는 소비자의 다양하고도 높은 기대를 충족하기 어려울 때가 많다. 따라서 소비자의 기대를 반영한 기술 개발 목표를 제시하고 기업은 이를 달성하고자 노력함으로써 진보를 이루어야 한다.

아이리버의 신개념 미디어 플레이어인 U10은 '텀씽(Thumbthing)' 이라는 콘셉트로 제품을 개발했다. '텀씽' 은 엄지손가락을 뜻하는 '텀(thumb)' 과 제품을 뜻하는 '씽(thing)' 을 합성해 만든 신조어이다. 아이리버는 이러한 콘셉트를 바탕으로 제품 개발에 집중한 결과 엄지손가락만으로 모든 기능을 제어할 수 있는 다이렉트 클릭 시스템(D-Click System)을 기술적으로 구현했다. 즉, 기술 혁신을 제시하는 콘셉트를 목표로 비튼 없이 액정을 직접 조작할 수 있는 새로운 기술을 개발했으며, 동시에 디자인이 미려한 제품을 만들 수 있었다.

잘 만들어진 제품 콘셉트는 소비자의 잠재된 요구를 만족시킬 수 있는 특성이 있다. 해당 제품의 소비자층은 누구이며, 이들이 언제 어디서 해당 제품에 대해 긍정적으로 반응할지 예측한다. 즉, 잘 정의된 콘셉트를 통해 기업은 해당 제품의 판매 초점(Selling Point)을 예측하여 새로운 시장을 개척할 수 있다.

삼성전자에서 노년층을 겨냥하여 출시한 '지터벅(Jitterbug, SPH-A110)'은 콘셉트를 통해 판매 초점이 명확하게 선정된 제품이다. '실버폰', '효도폰' 등의 애칭에서도 알 수 있듯이, 지터벅은 기존의 숫자 대신 커다란 버튼 3개만으로 휴대폰의 모든 기능을 쉽게 이용할 수 있다. 따라서 눈이 나쁘거나 복잡한 기능을 원하지 않는 노년층 소비자들에게 큰 호응을 얻었다. 이처럼 단순하고 쉬운 전화기의 콘셉트는 시장을 명확하게 선정할 수 있다는 장점이 있다.

지금까지 제품 혁신을 위한 다양한 전략 중에서 특히 콘셉트 주도적 전략에 초점을 맞추어 제품 콘셉트의 중요성과 기능에 대해 살펴보았다. 소비자의 잠재 요구를 반영한 초기 콘셉트를 알아내고 이를 지속하기란 쉬운 일이 아니다. 과거로 회귀한다는 비난 아닌 비난에 유연하게 대처하는 소신이 필요하며, 새로운 시장의 욕구를 읽어내는 센스가 요구된다. 물론 여기에 기술적인 뒷받침은 당연한 요소이다.

고객이 원하는 바를 정확히 파악한 결과, 하나의 콘셉트에 따라서 새로운 시장을 창출한 좋은 사례가 있다. 2006년 휴대폰의 슬림화 트렌드를 이끈 VK-X100이라는 제품이다. 휴대폰 시장의 슬림화 경향과 단순함을 미리 읽어 콘셉트로 도출하고, 이를 기술적인 부분에도 적용하여 오리지널 콘셉트를 만들어낸 좋은 예이다. VK-X100 사례를 통해 슬림과 단순함이라는 초기의 오리지널 콘셉트가 개발 과정 내내 어떻게 유지되어 성공적인 신제품으로 탄생됐는지를 살펴보자.

간결하고 실속 있는 콘셉트를 추구한다

치열한 시장 한가운데서

VK-X100을 출시하기 이전까지 VK모바일은 GSM 방식의 해외 시장을 중심으로 빠르게 성장해왔다. 그래서 국내 소비자들에게는 이름이 거의 알려지지 않았다. 하지만 2003년, VK모바일은 미국과 한국을 중심으로 한 CDMA 시장을 포기하고서는 지속적 성장을 담보할 수 없다는 판단을 내렸다. CDMA 시장은 GSM 시장에 비해 시장 규모는 작지만 상대적으로 이윤이 높아 결코 무시할 수 없는 시장이기 때문이다.

결국 VK모바일은 세계 최대의 휴대폰 격전지 중 하나인 한국 시장에 진출하기로 결정했다. 이에 2002년 11월 CDMA 연구소를 설립하고 한국 전자통신연구원(ETRI)으로부터 CDMA 관련 핵심 기술을 이전 받아 CDMA 휴대폰 양산을 위한 준비 작업을 마쳤다.

2003년 12월, CDMA 단말기를 출시해 국내 시장을 공략하기 시작했으나 2005년 상반기까지 이익 창출은 계속 기대 이하에 머물렀다. 어려움을 타개하기 위한 전기를 마련하고자 기획한 제품이 바로 2005년 12월 출시한 VK-X100이다. 이 모델은 치열한 경쟁이 벌어지는 국내 휴대폰 시장에 VK모바일을 성공적으로 진입시키고 브랜드 이미지를 알린 효도 상품이다. 통상 휴대폰업계의 '대박 상품' 기준인 하루 1천 대 개통 수를 약간 밑도는 900여 대가 개통되는 성공을 거두었다.

이러한 실적은 특히 VK-X100이 출시된 2005년 12월이 여러 가지 면에서 휴대폰 공급업체에 좋지 않은 상황이었음을 고려해볼 때 더 의의가 있다. 2005년 12월 당시 국내 휴대폰 대기업들은 보조금 지급정책 변화에 대비해 기존 제품을 저가로 대량 배포했다. 고객들도 저렴한 값에 휴대폰을 구입하기 위해 보조금 정책이 변경되기를 기다리며 구매를 미루는 실정이었다.

또한 휴대폰 시장은 모토로라의 레이저가 선풍적인 인기를 끌면서 슬림폰이라는 새로운 트렌드가 급부상하고 있었다. 이에 따라 삼성 전자, LG전자 같은 대기업들이 잇따라 트렌드에 부합하는 신제품 출시를 준비하고 있었다. 이런 상황에서 중소기업인 VK모바일은 기존 대기업들과의 경쟁에서 이길 수 있는 차별화된 콘셉트가 필요했다.

2005년 후반기, 휴대폰 시장의 흐름은 슬림폰이라는 새로운 트렌드로 옮겨가고 있었다. 모토로라의 레이저를 시작으로 삼성전자의 SCH-V470 제품이 출시되면서 누구나 슬림폰 트렌드를 쉽게 예측할 수 있는 상황이었다. 따라서 VK모바일도 슬림폰 형태로 국내 휴대폰 시장에 진출하는 것이 가장 효율적이라고 생각했다. 무엇보다도 경영층이 슬림폰 형태의 휴대폰 개발에 적극적이었다.

하지만 당시의 슬림폰은 폴더형 또는 슬라이드형이 주를 이루었다. 가장 먼저 출시된 슬림폰인 모토로라의 레이저는 폴더형 제품이었고, 이후 삼성전자나 LG전자 등은 기존 제품과의 연결선상에서 슬라이드형의 제품을 출시할 계획이었다.

VK모바일에서는 모토로라나 삼성전자같이 대기업이 선점한 슬라이드나 폴더형의 제품을 출시할 경우 '짝퉁 이미지밖에 줄 수 없다' 라는 판단을 내렸다. 모방 전략은 브랜드 가치가 낮은 기업이 주로 사용하는 전략으로 오히려 브랜드 가치를 확보하는 데 장애가 될 수 있기 때문이다.

따라서 VK모바일은 당시 국내 시장에서는 찾아보기 힘든 차별화된 콘셉트로 바(BAR) 타입의 슬림폰을 출시하기로 결정했다. 바 형태의 휴대폰은 휴대성이 뛰어나고 견고하며, 무엇보다도 해외 시장에서 큰 인기를 얻고 있는 형태이다. VK모바일은 당시까지 해외 GSM 시장에서 바 타입의 제품을 주로 출시해 성공을 거두어왔다. 특히, 바 타입 제품은 국내 시장에서는 찾아보기 어려워 기존 국내 제품과 확실하게 차별화될 수 있을 것으로 판단했다.

또한 바 타입 제품은 폰의 두께나 크기 등 기술적인 측면에서 슬림폰 콘셉트에 적용될 때 여러 가지로 유리했다. 이런 장점을 가진 바 타입 슬림폰으로 제품 콘셉트를 결정한 후, 본격적으로 틈새 시장 분석에 착수했다. 기존 해외 시장에서 바 형태의 휴대폰은 실속을 중시하는 사용자층에게 특히 인기가 많았으므로, 국내 시장에서도 10~20대의 실속을 중시하는 사용자들을 중심으로 공략하기로 했다.

국내 시장에서는 컨버전스가 과도하게 진행되어 이를 따라가지 못하는 소비자층이 있다. 이들은 일시적 유행보다는 실속을 중시하여 휴대폰 본래의 기능만을 사용하려는 경향이 있다. 따라서 사용자를 위해 불필요한 기능을 과감히 제외한 실속형 제품을 출시하는 전략을 세웠다. 이는 지속적으로 새로운 기능을 추가하면서 첨단을 지향하는 국내 경쟁사들의 전략과 정면으로 배치된다. 즉, VK모바일은 슬림과 심플이란 콘셉트를 바탕으로 새로운 전략을 수립했다.

국내에선 낯선 형태인 바 타입은 기존의 슬라이드형이나 폴더형에 싫증을 내는 실속파라는 틈새 시장에서 가능성이 충분히 점쳐졌다. 무엇보다도 국내 경쟁 기업들과 차별화되는 VK모바일만의 브랜드 이미지를 확고히 구축할 수 있는 기회였다.

VK모바일은 바 타입의 슬림폰으로 신제품의 초기 콘셉트를 결정한 뒤, 이를 누구나 쉽게 이해하고 공감할 수 있도록 '명함이나 신용카드처럼 지갑에도 휴대할 수 있는 얇은 휴대폰'이라는 문구를 통해 전사적으로 공유했다. 이러한 초기 콘셉트를 이끌어내는 과정에서 VK모바일이 고려했던 다양한 요인은 〈표 2-12〉와 같이 정리할 수 있다.

'명함이나 신용카드처럼 지갑에 휴대할 수 있는 얇은 휴대폰'이라는 초기 제품 콘셉트는 전사적으로 큰 공감을 얻었으나, 일부에서는 콘셉트에 대한 우려를 표시했다. 가장 우려되는 부분은 명함 크기의 슬림폰을 만들 경우 LCD 화면의 크기가 지나치게 작아질 수 있다는 것이다. 당시 국내 휴대폰 시장에서는 큰 화면을 탑재한 멀티미디어 휴대폰이 큰 인기를 얻었으므로 명함 크기의 슬림폰은 흐름을 명백하게 거스르는 일이었다.

이러한 위험 요소에도 불구하고 회의를 거듭한 끝에 VK모바일은 명함 크기의 바 타입의 슬림폰이라는 초기 콘셉트를 그대로 유지하기로 결정했다. 국내 시장에서 대세가 된 올인원 개념의 멀티미디어 휴대폰과 차별화되는 실속형 휴대폰에 대한 잠재 요구가 있다고 판단한 것이다.

이러한 결정을 내리게 된 데에는 해외 시장에서 바 형태의 제품을 통해 인기를 얻은 경험이 밑바탕이 됐다.

소비자의 요구를 파악하는 것은 기업뿐만 아니라 학계의 영원한 숙제이다. 하지만 그만큼 뾰족한 수단이 없는 것 또한 현실이다. VK모바일처럼 해외 시장에서라도 소비자를 많이 접해보는 것이 유일한 해답일 것이다.

구분	의사 결정 요인
시장적 측면	• 기존 기업과의 차별화 • 희소성 • 차별화된 브랜드 이미지 구축 • 틈새 시장 공략 • 사용자의 잠재 요구
기술적 측면	• 슬림폰 구현에 유리한 기술적 강점 • 뛰어난 휴대성 • 견고함
디자인적 측면	• 타사 제품과 차별화되는 VK모바일의 브랜드 이미지 공고화 • 실용적인 브랜드 이미지 구축 • 슬림폰 디자인에 적합

〈표 2-12〉 바 타입 슬림폰 콘셉트 결정 요인

콘셉트를 사수하라

'명함 크기의 바 타입 슬림폰' 제품 콘셉트는 누구나 쉽게 이해하고 공감할 수 있었으므로 콘셉트를 구체화하는 과정에서 많은 도움이 됐다. 특히 VK-X100은 콘셉트를 구체화하는 초기 기획 단계부터 연구소 인력들을 대거 참여시켜 기술적 가능성을 타진했다. 이는 기획팀과 경영진이 결정한 콘셉트가 구체화된 후에 연구소의 인력들을 참여시킨 보르도 TV의 사례와는 대조적이다. 또 초기 기획 단계에서 기술적인 가능성뿐 아니라, 구체적인 디자인을 확정 짓는 작업도 함께 진행했다. 제품의 콘셉트를 명확하게 결정하기 위해서는 최종 출시될 제품의 크기 및 두께 등을 명확하게 결정하는 것이 바람직하다는 판단에서였다. 이에 따라 기획 단계부터 개발팀뿐만 아니라 디자인팀도 중요한 역할을 담당했다.

초기에 VK-X100의 디자인은 '명함 크기의 바 타입 슬림폰'이라는 명함의 콘셉트를 확고히 하기 위해 가로 눕히기 형태의 휴대폰으로 구체화됐다. 명함 형태의 가로 눕히기 콘셉트로 구체적인 콘셉트가 결정되자, VK모바일은 제품 개발을 시작하기에 앞서 국내 유통망인 SK텔레콤과 이를 공유했다. SK텔레콤 측은 슬림폰에 대해 긍정적이었으나 명함처럼 가로 눕히기를 하는 것에 대해서는 이의를 제기했다. 일반적인 휴대폰 콘텐츠는 세로로 보기에 편한 형태이므로 가로 눕히기의 경우 사용자가 불편을 느낄 수 있다는 이유에서였다.

SK텔레콤의 우려에 대해 내부적으로 많은 찬반 논란이 있었다. 초기에 결정된 '명함' 콘셉트를 끝까지 지켜야 한다는 의견과 유통업체인 SK텔레콤의 의견을 수용해 세로 눕히기로 수정해야 한다는 의견이 팽팽하게 대립했다. 하지만 논란 끝에 유통업체의 의견을 따르기로 결정했다. '명함 크기'를 지향하는 것이지 '명함' 자체를 추구하는 것은 아니기 때문이다.

결국 VK모바일은 핵심 고객이라 할 수 있는 SK텔레콤의 의견을 반영하여 세로 바 형태의 슬림폰으로 제품 콘셉트를 수정했다. 이를 기초로 최종적으로 시장에 출시될 VK-X100 제품의 콘셉트가 탄생됐다.

세로 바 형태의 슬림폰 콘셉트가 확정되자 콘셉트를 구체화하기 위한 고민이 본격적으로 시작됐다. VK-X100은 슬림 바 타입의 제품으로 디자인과 유행에 민감하고, 가격을 중시하는 실속파 젊은이들을 목표 고객으로 설정했다. 휴대가 간편하며 휴대폰 본래의 기능에 충실한 실속형 제품은 첨단 기능보다는 가격과 패션을 중시하는 10~20대 사용자들에게 좋은 반응을 얻을 수 있기 때문이다.

그러나 초기 실속형 제품 콘셉트를 유지하기 위해서는 또 다른 결정을 내려야 했다. 초콜릿폰 사례에서 디자인에 해를 끼치는 기술 스펙을 과감히 포기한 것처럼, 저렴한 가격 정책뿐만 아니라 불필요한 기능을 제외함으로써 슬림과 심플이라는 초기 콘셉트를 확실하게 유지할 필요가 있었다. 따라서 컨버전스가 우세한 국내 시장의 흐름에 상관

〈사진 2-9〉 VK-X100

없이 대부분의 휴대폰이 당연하게 지원하는 카메라 기능을 과감하게 제외하기로 결정했다. 카메라 기능을 제외함으로써 기술적으로는 슬림이라는 콘셉트를 지키고, 가격 경쟁력 면에서는 더욱 저렴하며, 필요한 기능만 갖춘 실속형 이미지를 확고히 할 수 있었다.

하지만 카메라 기능을 제외한 것은 반드시 가격 때문만이 아니다. VK모바일 측의 말을 빌리면 카메라 기능을 제외한 것은 슬림을 위한 기술적인 필요를 따른 것은 아니었다. 카메라 기능을 꼭 포함해야 한다면 조금 두꺼워지더라도 그렇게 했을 것이다. VK모바일이 카메라 기능을 뺀 가장 큰 이유는 카메라 기능을 원치 않는 실속형 사용자가 있다고 믿었기 때문이며, 초기 제품 콘셉트인 '명함 크기의 얇은 휴대폰'이라는 오리지널 콘셉트를 유지하기 위해서였다. 어설픈 100만~200만 화소의 카메라 기능을 넣기보다는 확실한 차별화를 위해 과감하게 내린 결정이었다.

이러한 결정을 내리기까지는 해외 시장에서의 성공 경험이 큰 밑바탕이 됐다. 하지만 내부적으로 우려의 목소리가 전혀 없었던 것은 아니다. 국내 시장은 해외 시장과 달리 카메라 기능을 탑재하지 않은 휴대폰이 거의 없고, 여러 가지 기능을 계속 합치는 추세였으므로 흐름에 역행하는 전략으로 보일 수 있었다.

하지만 모토로라가 이미 슬림의 대세를 열면서 카메라 기능 경쟁을 포기했고, 바 타입의 실속형 제품이 해외 시장에서처럼 성공할 것이라는 믿음이 확고했다. 최고 경영층과 기획팀은 자체적인 조사 결과를 바탕으로 국내 시장에서도 불필요한 기능을 원치 않는 사용자층이 존재한다는 믿음을 가지고 내부의 불신을 잠재웠다. 국내 휴대폰 시장에도 컨버전스 제품의 기능이 복잡하고 어려우며, 가격이 비싼 요인으로만 작용해 불필요하다고 인식하는 틈새 시장에 주목한 결과이다.

물론 카메라 기능이 더 이상 휴대폰의 킬러 애플리케이션•이 되지 못한다는 점도 이러한 결정을 내리게 된 배경이었다. 적어도 500만 화소 이상의 카메라를 탑재하지 못할 바에는 차라리 카메라 기능을 과감히 제외해 실속형 슬림폰의 콘셉트에 충실하기로 결정한 것이다.

이어 경영층과 제품 기획팀, 개발팀, 디자인팀 그리고 국내 유통망인 SK텔레콤까지 다양한 시각을 가진 사람들과 활발히 의견을 공유함으로써 제품 콘셉트를 구체화했다. 내부에서는 다양한 부서의 의견을 수렴하고, 외부에서는 유통망이나 사용자들의 의견까지 수렴하여 실속형 슬림 바라는 VK-X100의 콘셉트를 이끌어냈다.

일관성으로 한계를 뛰어넘는다

제품 콘셉트를 확고하게 정한 후, 기존의 연구 인력들을 최대한 활용하여 중요 인력을 집중적으로 배치하고 본격적으로 VK-X100 제품 개발에 착수했다. 본격적으로 제품 개발을 시작하면서 타사보다 얇은 슬림폰이라는 콘셉트를 현실화하기 위해 혁신적인 기술이 필요한 상황이었다. 개발팀에서는 수많은 회의와 연구를 거듭했고, 고민 끝에 기존 휴대폰에서 채용한 LCD가 아닌 OLED를 휴대폰 액정으로 채택했다. OLED 디스플레이는 LCD와는 달리 백라이트 유닛이 필요하지 않아 좀

킬러 애플리케이션Killer Application : 등장하자마자 다른 경쟁 제품을 몰아내고 시장을 재편할 정도로 인기를 누리는 상품 또는 서비스

더 얇다는 장점이 있다. 또한 같은 크기의 LCD보다 전력을 적게 소모하면서 동시에 시야각에 제한이 없다. 하지만 LCD에 비해 사용 시간에 한계가 있었다. OLED 같은 평판 디스플레이는 RGB 즉 레드, 그린, 블루 3가지 픽셀을 사용해서 하나의 점을 보여준다. OLED의 경우 레드와 그린 발광소자는 문제가 없지만, 블루 발광소자는 수명이 8천~1만 시간 정도로 짧다. 이런 이유로 OLED 디스플레이가 휴대폰의 서브 액정으로 사용된 적은 있으나 하나뿐인 메인 액정으로 채용된 경우는 드물었다.

다행히 최근 기술이 발전해 OLED의 수명이 2만 시간 정도로 길어졌다. LCD에 비하면 여전히 짧지만, 하루 24시간 사용하더라도 880일을 거뜬히 쓸 수 있다. 이는 국내 휴대폰의 사용 빈도와 교체 주기를 생각할 때 크게 문제가 되지 않았다. 결국 VK모바일은 OLED를 채택해 세계 최초 8.8밀리미터 슬림폰을 만들어냈다.

VK모바일은 혁신적으로 얇은 두께를 달성하고자 하는 노력과 함께 세련되고 아름다운 디자인을 구현하기 위해 많은 노력을 기울였다. 주요 고객으로 선정된 실속파 10~20대들이 중시하는 것이 바로 가격과 디자인이기 때문이다. 그러나 자칫 디자인 쪽으로만 제품 개발이 치우치면 향후 기술적 수용이 어려워질 수 있으므로 기술개발팀과도 끊임

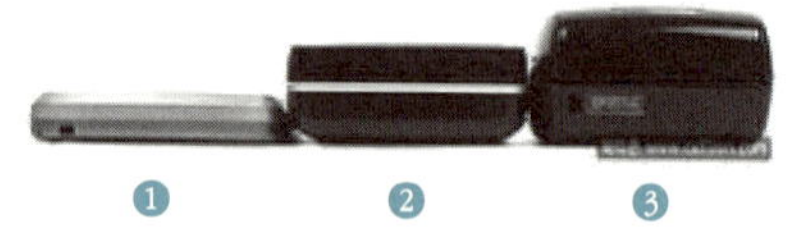

〈사진 2-10〉 ❶ VK-X100　　❷ LG 초콜릿폰　　❸ 삼성 블루블랙폰의 두께 비교

없이 대화를 나누고 협조를 구했다. 이러한 과정에서 디자인팀과 개발팀 간에는 숱한 논쟁이 있었다. 이때 중재자의 역할을 수행하여 효율적인 의사결정을 내리는 것은 기획팀이나 PM(Project manager)이 맡았다. 특히 초기 콘셉트나 제품 스펙을 변경하려면 반드시 기획팀이 중심이 되어 양쪽의 의견을 청취한 후 의사결정을 내렸다. 제품 개발 과정에서 초기 콘셉트가 변경될 경우, 당초의 개념이 무너지고 전혀 다른 제품이 될 것을 우려했기 때문이다.

기획팀이나 PM이 결정을 내릴 수 없는 경우에는 최고 경영진이 신속하게 최종 의사결정을 내렸다. 이는 대기업과는 차별되는 중소기업만의 강점이다. 벤처기업의 경우, 경영층과 실무진의 의사소통 단계가 대기업보다 짧다. VK모바일 관계자의 말을 빌리면 최고 경영층이 실무진들을 직접 찾아 진행 상황을 체크하고, 문제가 있을 때는 직접 실무진을 호출하여 의견을 들었다고 한다. 최고 경영층과 실무진이 별다른 절차 없이 수시로 만나 대화를 나누면서 제품 개발 과정에서 생기는 문제를 신속하게 해결했다. 물론 이 과정에서 오리지널 콘셉트를 중심으로 일관되게 의견을 수렴했음은 두말할 필요가 없다.

개발 완료 단계에서 마케팅팀은 중소기업 특성에 따른 소자본에 최적화된 마케팅 전략을 수립했다. 주로 지하철 광고, 온라인 이벤트 등을 활용했는데 이러한 전략이 실속형 사용자를 공략하기에 적합했다. 예를 들어 제품 출시 직후 '네이버 지식in'을 활용해 'VK-X100 이름 짓기', 'VK-X100을 가지고 할 수 있는 재미있는 놀이' 등의 사용자 아이디어 이벤트를 개최하기도 했다. 또한, VK-X100을 영화 소품으로 등장시켜 젊은 층을 겨냥하는 PPL(Product Placement) 전략을 구사하기도 했다.

이러한 마케팅에 힘입어 VK-X100은 출시 직후부터 소비자들에게 큰 인기를 얻고 하루에 900대 이상 팔려나갔다. 당시 이 같은 하루 판매 대수는 경쟁 기업들의 주요 제품들과 견주어봐도 VK-X100이 충분히 소비자들에게 어필하고 있음을 반증했다.

특히, VK-X100은 카메라 기능을 과감히 제외한 실속형 제품의 이미지를 확고히 하면서 제품 기획 단계에서는 미처 고려하지 못한 사용자 층까지도 발굴하는 수확을 얻었다. 예를 들면 국가정보원이나 반도체 연구소같이 기밀 유지 정책 때문에 카메라폰을 반입할 수 없는 회사의 경우 VK-X100과 같은 실속형 제품이 유용했다. 이처럼 뜻밖의 사용자들에게도 큰 인기를 얻으면서 VK-X100은 국내 시장에서 성공을 거두었다.

이러한 성공을 바탕으로 VK모바일은 새롭고 신기한 기능을 추가하기보다는 불필요한 기능을 과감히 제외하는 차별화 전략을 계속 추구해왔으나 아쉽게도 현재 법정관리 중이다.

지금까지 삼성전자나 LG전자와 같은 대기업들은 휴대폰에 어떤 기능을 추가할지를 주로 고민했다. 하지만 이들과의 경쟁에서 살아남으려면 대기업들이 놓치고 있는 틈새 시장을 공략해야 하며, 이를 위해서는 차별화된 콘셉트가 절실히 필요하다.

콘셉트의 성공,
그 3가지 비밀

8.8밀리미터 슬림폰의 성공 전략

마의 1센티미터라는 벽을 뛰어넘은 데에는 어떠한 치밀한 전략이 뒷받
침되었는지 알아보자.

첫째, 숨겨진 고객의 요구를 현실화하라

VK-X100이 국내 시장에서 성공을 거둘 수 있었던 것은 시장의 잠재
요구를 반영하고 차별화된 기술력으로 이를 구현할 수 있는 콘셉트 때
문이었다.

제품 기획 단계에서 완성도 높은 콘셉트를 이끌어내기 위해서는 시
장에 표면적으로 드러나지 않는 잠재 요구를 파악하는 능력(Deep
Market Insight)이 필요하다. 잠재 요구는 겉으로 잘 드러나지 않으므로
지금까지 기업들이 실시해온 대규모 설문이나 사용자 심층 인터뷰 등

을 통해서도 파악하기가 현실적으로 어렵다. VK모바일은 VK-X100을 기획하기에 앞서 유럽 등 해외 시장에서 성공한 경험을 바탕으로 국내 휴대폰 시장의 흐름을 관찰했다. 당시 시장에는 모토로라의 레이저를 위시한 슬림폰이 트렌드를 형성하고 있었다.

당시 많은 기능이 불필요하게 접목된 컨버전스 제품으로 인해 복잡함과 가격 부담을 느끼는 소비자들이 늘어나는 추세였다. 기업들은 대부분 컨버전스라는 미명 아래 무조건 많은 기능을 첨가하는 데 관심을 보일 뿐이었다. 따라서 소비자들은 자신들의 의지와 상관없이 잘 사용하지도 않는 기능이 있는 복잡한 휴대폰을 비싼 가격에 살 수밖에 없었다. 이러한 상황에서 VK모바일은 슬림이라는 트렌드를 제공하면서도 가격적으로 부담 없는 실속형 콘셉트를 도출했다.

하지만 이를 구현할 수 있는 기술 혁신이 없었다면 VK모바일은 세계 최초로 '1센티미터 이내의 휴대폰'을 만들 수 없었을 것이다. VK모바일이 콘셉트 주도적 제품 혁신을 달성할 수 있었던 또 다른 이유는 슬림폰을 만들 수 있는 수준의 기술력을 이미 자체적으로 보유했기 때문이다. 좋은 콘셉트를 구체화하기 위해서는 필연적으로 기술 혁신이 필요하다. 아무리 좋은 제품 콘셉트가 있다고 해도 이를 확고히 유지하고 성공적인 제품으로 현실화하기 위해서는 기술 혁신이 반드시 뒷받침돼야 한다.

또 새로운 제품 콘셉트를 현실화하기 위해서는 자사가 보유한 기술적 노하우를 한 차원 성장시키는 기술적 대안을 모색해야 한다. 즉, 기업은 좋은 콘셉트를 정의함으로써 자연스럽게 기술 혁신을 도모하게 된다. 이는 단지 신기술을 개발하기 위한 것뿐만 아니라, 반대로 특정 제품의 사업화를 위한 기술 혁신이 되기도 한다. VK모바일도 바 형태의 슬림폰 콘셉트를 구체화하기 위해 고민을 거듭한 끝에 LCD를 OLED 로 대체하는 기술을 개발했다.

결국 높은 기술력(High Technology Innovation)과 시장의 잠재 요구를 파악하는 능력(Deep Market Insight)을 모두 갖춘 기업은 콘셉트 주도적 (Concept-Driven) 제품 혁신 전략으로 시장에서 성공을 거둘 수 있다.

둘째, 콘셉트로 통일하라

VK모바일은 VK-X100을 통해 '명함이나 카드처럼 얇은 슬림폰' 이라는 콘셉트로 누구나 쉽게 제품을 이해하고 공감대를 형성할 수 있도록 했다. 〈표 2-13〉에서 확인할 수 있듯이 콘셉트 기획 단계부터 연구소 및 디자인 부서 등 다양한 분야의 인력들을 대거 참여시켰다. '명함처럼 얇은 슬림폰' 이라는 콘셉트는 분야가 다른 사람들도 공유할 수 있는 완전성을 지녔기 때문에 이와 같은 협업이 가능했다.

그러나 다양한 부서의 결합은 서로 의견이 다를 때 개발이 지연되거나 콘셉트가 변형될 수 있는 위험 요소로 작용하기도 한다. VK모바일에서 VK-X100 제품을 개발하는 과정에서도 부서 간의 의사 장벽이 있었다.

하지만 그때마다 최고 경영진은 초기 콘셉트에 대한 믿음을 기반으로 실무진과 의견을 교환함으로써 콘셉트를 이해시키고 설득하는 과정을 거쳤다. 실무진들은 콘셉트에 대해 다른 견해나 문제점을 발견할 경우, 최고 경영진과 즉각적으로 일대일 대화를 나눠 초기 콘셉트를 더 깊이 이해하고 다른 부서와 원활히 대화를 나눌 수 있었다.

콘셉트를 중심으로 의사결정을 내림으로써 최초 콘셉트에 동의한 조직원들을 설득하고 기업 역량을 자연스럽게 하나로 통합시킨 것이

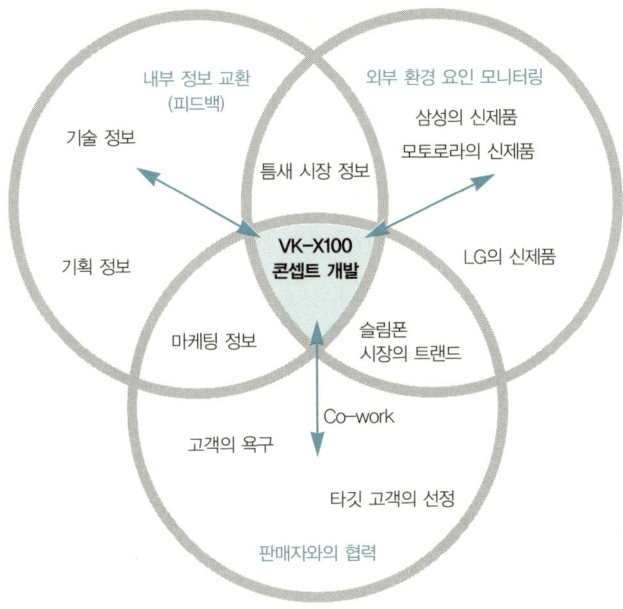

〈표 2-13〉 VK-X100의 콘셉트 도출에 참여한 다양한 시각

VK모바일의 강점이었다. 이렇게 기능 간 충돌이 발생하거나 외부 고객 및 내부 실무진 간에 충돌이 발생할 경우, 문제의 우선 순위 및 중요도를 결정짓는 기준은 오직 초기에 결정된 제품의 콘셉트밖에 없다.

VK-X100의 경우에도 '명함이나 카드처럼 얇아 휴대하기 간편하고 실용적인 휴대폰'의 콘셉트를 시장에 내놓는 순간까지 일관되게 유지하여 기능들 간의 우선 순위 결정에 엄격하게 적용했다.

물론 콘셉트가 구체화되는 과정에서 제품의 초기 콘셉트에 대한 수정이 가해질 수 있다. 하지만 콘셉트가 확정된 이후라면 제품 출시 단계까지 초기 콘셉트가 유지돼야 한다. 콘셉트가 좋은 제품은 내부 및 외부의 모든 의견을 자연스럽게 하나로 수용하는 완전성이 있기 때문에 제품의 성공에 긍정적인 영향을 끼친다.

좋은 콘셉트는 기존 제품들과는 차별화되는 새로운 패러다임의 제품을 통해 사용자들에게 새로운 가치를 제공한다. 앞서 살펴본 대로 삼성 애니콜 '디지털 익사이팅'이나 보르도 TV처럼 소비자에게 새로운 기능이나 색다른 분위기를 제공한다.

VK모바일의 VK-X100은 실용주의 콘셉트를 채택해 당시 국내 휴대폰 시장을 주도하던 고급스러운 제품들과는 차별되는 새로운 가치를 소비자들에게 제공했다. 실용주의 콘셉트를 위해 카메라 기능을 과감히 제외했으며, 무차별적인 기능이 복합된 컨버전스 휴대폰과 차별화되는 실속형 패러다임을 제시했다. 그 결과, 콘셉트가 좋은 제품은 소비자에게 새로운 패러다임과 가치를 창출함으로써 성공적으로 시장에 진입할 수 있음을 증명했다.

또 잘 정의된 제품 콘셉트는 최적화된 판매 초점을 정의하는 데 유용하다. VK-X100 제품은 실속형 제품이라는 콘셉트에 맞추어 다양한 기능이나 첨단 기술보다 휴대성과 가격을 중시하는 10~20대의 실속파를 판매 초점 고객으로 선정했다. 이에 따라 핵심 구매층에게 적절한 가격 정책을 설정하고 저가 마케팅 전략을 펼쳐 시장에서 다른 제품과의 차별화에 성공했다.

결론적으로 좋은 콘셉트는 기존과 다른 패러다임을 제공한다. 따라서 차별화된 패러다임에 가장 민감한 소비자층을 최적의 판매 초점으로 삼으면 시장에서 성공할 수 있다.

시장은 혁신적인 콘셉트를 기다린다

새로운 콘셉트의 부활을 기다리며

VK-X100 개발과 출시 과정을 통해 성공적으로 개발된 콘셉트를 제품으로 실현한다는 것이 얼마나 의미 있는 결과를 가져오는지 알아보았다. 이러한 분석 결과들은 단순한 성공 요인의 의의를 넘어 시사점을 제공한다. 이를 요약해보면 다음과 같다.

첫째, 기술적 우위를 확보하고, 시장의 잠재된 요구에 대한 통찰력을 획득한 기업은 그 규모나 시장 선점과는 상관없이 콘셉트 주도적 제품 혁신을 통해 시장에서 성공을 거둘 수 있다. 최근 국내 기업들의 주력 제품인 고가의 첨단 컨버전스 휴대폰들이 세계 시장에서 고전을 면치 못하는 점을 고려해볼 때, 위에서 분석한 내용들이 우리에게 주는 시사점은 더욱 크다.

둘째, 콘셉트 주도적 제품 혁신을 위해서는 시장의 잠재 요구를 파악해야 한다. 이를 위해서는 다양한 시장에서의 성공 경험을 바탕으로 큰 흐름 속에서 미세한 변화의 경향을 파악해야 한다. 단지 컨버전스가 유행이라고 해서 이를 따라가기에 급급하기보다는 다양한 유형의 소비자를 직접 만나 변화하는 시장의 흐름에 대한 소비자들의 견해에 주목해야 한다.

셋째, 좋은 콘셉트는 제품의 기능 또는 기능들 사이의 우선 순위를 결정할 때 중요한 기준이 된다. 따라서 의사결정의 일관성을 유지하기 위해서도 제품의 오리지널 콘셉트는 끝까지 유지돼야 한다.

제품 개발 단계에서 사업자와 외부 고객의 의견은 상충될 수 있다. 또 기능 간 우선 순위를 결정할 때 내부 조직원들 사이에 의견이 일치하지 않을 수도 있다. 다양한 상황에서 발생할 수 있는 불일치를 해소하기 위한 의사소통의 수단으로 가장 중요시 여겨야 할 것이 바로 콘셉트이다.

하나의 콘셉트는 의사소통의 장벽을 낮추고 우선 순위를 빠르게 결정해 의견을 효과적으로 통합한다. 최고 경영진이 개입하는 경우에도 초기 콘셉트는 중요한 역할을 한다. 제품 개발이 완료된 이후에도 콘셉트를 기반으로 판매 초점을 정해야 하며, 제품 홍보 및 마케팅 전략, 가격 정책 등을 수립하는 데 통일된 정책이 반드시 유지돼야 한다.

넷째, 좋은 콘셉트는 기존 제품과 차별화되는 새로운 패러다임을 제시하고 기술 혁신을 이룩하는 원동력이 된다. 콘셉트가 좋은 제품은 기업이 나아가야 할 방향을 정하고, 이를 위해 기술 혁신을 도모함으로써 한 단계 도약할 수 있는 디딤돌이 된다. 또 기술적 차별화를 바탕으로 소비자에게 새로운 패러다임과 가치를 제공할 수 있을 때, 최적의 고객을 확보할 수 있다.

VK-X100 출시 이후 VK모바일은 2005년 발생한 649억의 순손실을 견디지 못하고 이에 따른 자금 압박으로 2006년 7월 7일 최종 부도 처리된 상태이다. 좋은 제품은 기업의 성장에 절대적인 영향을 주지만 기업의 생사는 훨씬 복잡한 이야기들로 다뤄져야 할 것이다. 따라서 본 사례는 기업의 생존 유무와 상관없이 신제품 개발에 대한 의미 있는 시사점을 찾는 데 의의를 찾고자 한다. 그러나 VK-X100과 같이 새로운 콘셉트의 디지털 상품을 만들 수 있었던 기술력과 시장에 대한 통찰력을 가진 회사가 앞으로 성공적으로 재기할 수 있는 기회가 주어지기를 기대해 본다.

F lexibility

U niqueness

S tylish

S ynergy

I nnovation

O riginality

N etwork

7장

정보의 흐름, 네트워크를 활용하라

" 자사 브랜드에 호의적인 네트워크를 운영하는 것이 대기업에게만 유리한 이야기는 아니다. 중소기업의 경우에도 적은 비용으로 광고와 마케팅 효과를 얻을 수 있다. 특히 신세대를 주요 소비자층으로 규정하는 디지털 제품 분야에서는 제품과 네트워크야말로 최고의 조합이 아닐 수 없다. **"**

모여라, 온라인으로
나가자, 오프라인으로

네트워크상의 가족, 일촌

"당신의 일촌은 몇 명입니까?"

불과 몇 년 전까지만 해도 우리에게 익숙한 촌수는 삼촌과 사촌이었다. 부모와 자녀 사이를 나타내는 일촌은 촌수 계산을 위해 존재하기는 하지만 형식적일 뿐, 실제 생활에서는 거의 사용하지 않는다.

하지만 인터넷에서는 일촌 관계가 중요한 의미를 띠고 빈번하게 사용되고 있다. 일촌이라는 단어에 '가까운 친구, 마음을 터놓고 나의 사생활을 보여줄 수 있는 사이'라는 의미를 부여한 인터넷 사이트가 있기 때문이다. 2007년 2월 5일을 기해 가입자 2천만 명을 돌파한 '싸이월드'가 그것이다.

싸이월드에 가입한 회원은 자신만의 미니홈피를 개설하고 주변 사람들에게 일촌 신청을 하는데, 이때 상대방이 동의하면 서로 '일촌'이라는 관계가 맺어진다. 이들은 자연스럽게 상대의 미니홈피를 드나들며 다이어리나 사진 등을 공유할 수 있다. 심지어 '일촌 파도타기'를 통해 일촌의 일촌들과 교류하기도 한다. 중고생들 사이에서는 얼마나 일촌이 많은지가 인간성 평가의 기준이 될 정도이다.

싸이월드가 이미 알고 있는 개개인을 이어주는 역할을 한다면, 비슷한 취미나 관심을 가지고 있는 사람들끼리 모여 공통된 관심사에 대해 의견을 나누고 친밀감을 다지는 인터넷 공간도 있다. 과거 대학생활의 전유물이던 서클과 동아리처럼, 전혀 모르는 사람들이 하나의 공간에 모여서 인간관계를 넓혀간다. 대표적인 사이트로 2006년 10월 말 기준으로 650만여 개의 모임이 형성된 '다음카페'를 들 수 있다.

〈사진 2-11〉에 나오는 '취업 뽀개기'라는 카페는 회원수가 60만 명이 넘고, 일일 방문자가 10만에 가까운 대규모 카페이다. 이 카페에서는 사람들이 자신의 이력서를 올려놓고 의견을 구하고, 비슷한 연봉이나 스펙을 희망하는 사람들끼리 정보를 공유한다. 매일 새 글이 1천 개 이상 등록된다고 하니 그 규모를 대략 짐작할 수 있다.

공통 관심사를 가진 회원들끼리 정보를 공유하면서 서로 친밀도와 정보지식 수준을 높여가는 다음카페는 싸이월드에서 나타나는 일대일의 인간관계가 확장된 형태, 즉 다대다의 인간관계를 보여준다.

카페 회원들은 활발하게 참여할수록 카페에서의 등급이 올라가 특정 등급에게만 공개되는 고급 정보를 얻을 수도 있다. 이러한 혜택을 얻기 위해 자신의 정보를 다른 회원에게 알리고 행사에 참여하는 등 카페 활동에 많은 시간과 노력을 할애하게 된다.

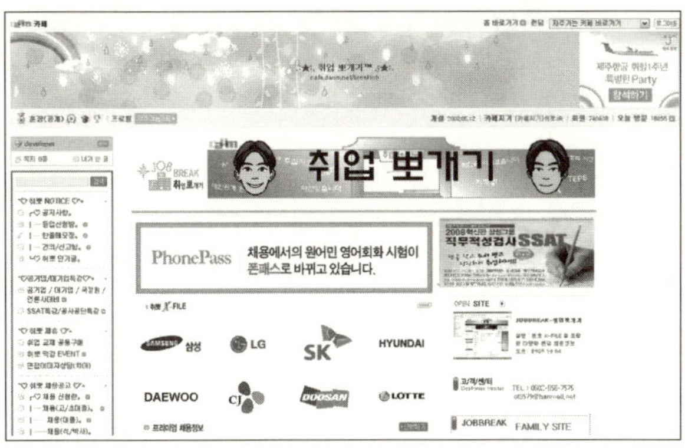

〈사진 2-11〉 다음카페-취업 뽀개기

오프라인에서 온라인으로, 다시 오프라인으로

개인주의가 강화되는 추세 속에서 어떻게 이토록 많은 사람들이 다른 사람들과 일촌을 맺거나 카페에 가입하면서까지 사생활이나 개인정보를 적극적으로 공유하는 것일까?

기술이 발전하고 시대가 바뀌어감에 따라 인간관계가 점차 공식화되고, 소원하게 변해간다. 그러다 보니 많은 사람들이 아쉬움과 고독을 느낀다. 많은 사람들과 만나고 부딪치면서 생활하지만 마음을 털어놓고 이야기할 수 있는 상대를 찾거나 그만한 시간적 여유를 갖는 것이 점차 어려워지고 있다. 그러니 바쁜 일상 속에서 낯선 사람을 만나 공통의 화제를 이끌어내고 친밀감을 나누는 단계까지 이르는 과정은 점점 더 부담스러워지기 마련이다. 그뿐 아니라 친구들과의 만남조차 시간과 공간의 한계에 부딪치면서 점점 더 어려워지고 있다. 한때 전국적으로 열풍을 불러일으켰던 온라인 동창회 '아이러브스쿨' 을 통한 친구들의 모임이 오래 지속되지 못한 것도 가장 활발하게 사회활동을 하는

30~40대에게 시간적, 공간적 제약이 크게 작용했기 때문이다.

싸이월드 미니홈피는 눈코 뜰 새 없이 바쁜 가입자들에게 시간적, 공간적 제약을 극복하고 인간관계를 유지할 수 있는 수단이다. 나의 일상을 미니홈피에 올리면 수시로 방문하는 일촌들이 오늘 내 기분과 나에게 일어난 일들을 알게 되고 방명록에 격려의 글이나 위로의 글을 남기면서 새로운 형태의 네트워크를 만들어간다. 싸이월드는 온라인을 통해 인간관계를 새롭게 만드는 곳이 아니라, 오프라인에서 이미 쌓아올린 인간관계를 강화하고 다져가는 데 초점을 맞춘 서비스이다. 다시 말해 현실에서 시간적, 공간적으로 멀어진 사람들이 온라인을 통한 접촉을 늘려 인간적인 친밀감을 더하는 것이다.

반면, 다음카페는 네트워크에 정보를 축적하는 방법으로 개인이 가지고 있는 정보를 공유함으로써 다양한 고급정보에 접할 수 있는 창구의 역할을 한다. 시공간의 제약에서 벗어나 온라인 활동을 하면서 낯선 사람들과 교류하고 신뢰를 쌓아 온라인에서의 관계를 오프라인으로 확대하도록 돕는다.

싸이월드와 다음카페가 휴먼네트워크 구축에 기여하는 방식은 다르지만, 공통적으로 인터넷을 기반으로 하는 온라인에서 더 밀접한 네트워크를 구성한다는 점에서 동일하다.

사용자가 지식 창조자인 세상

네트워크 접속이 끊어지면 업무가 마비될 만큼 온라인 네트워크에 대한 의존도가 큰 우리의 일상생활을 한번 돌아보자. 인터넷 지식검색이 대중화되면서 가장 크게 타격을 받은 사업은 무엇일까? 많은 사업이 영향을 받았겠지만 백과사전을 만드는 사업을 예로 들 수 있다.

예전에는 학생이 있는 가정이라면 크거나 작거나 백과사전을 하나씩 구비하고 있었다. 전 세계에서 가장 방대한 지식을 담았다고 알려진 브리태니커 백과사전을 가지고 있으면, 주위에서는 부러운 시선으로 바라보곤 했다. 뭔가 궁금한 것이 생기면 두꺼운 백과사전을 넘기며 사진과 정보를 읽던 시절이었다.

하지만 시대가 바뀌면서 요즘 학생들은 궁금한 것이 있으면 당연히 '인터넷에 물어본다'. 네이버 같은 검색 사이트라든지 위키피디아(www.wikipedia.org)에 검색어를 입력하면 예전의 백과사전보다 훨씬 많은 지식과 정보가 생생하게 제공된다.

그런데 여기서 말하는 네이버의 지식검색 '지식in'과 위키피디아는

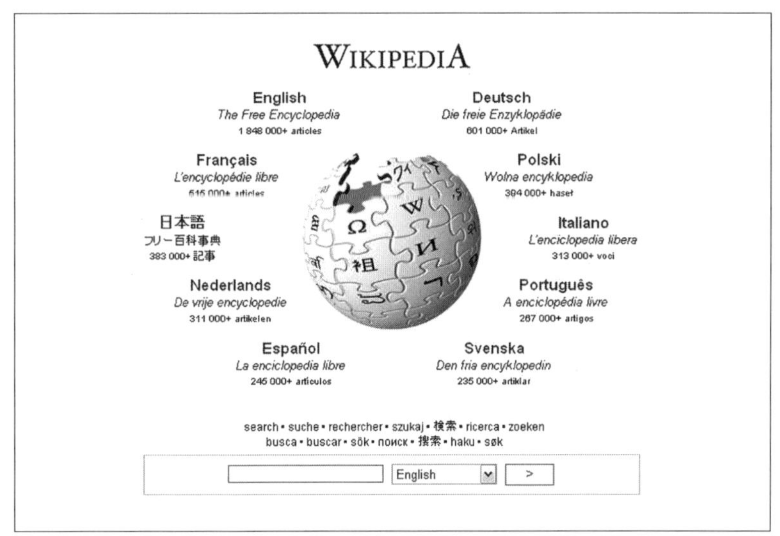

〈사진 2-12〉 위키피디아 홈페이지(www.wikipedia.org)

기존의 브리태니커 백과사전과 근본적으로 다르다. 브리태니커 백과사전은 핵심이 되는 검색어에 해당하는 지식을 각계의 전문가가 모여 작성한 정보를 공급하는 반면, 인터넷 기반의 지식검색은 사용자가 직접 작성한 정보를 또 다른 사용자가 활용하는 체계이다.

인터넷이라는 네트워크에 참여하는 구성원이 정보의 생산과 소비를 모두 담당하는 것이다. 네트워크에서는 이러한 UCC(User Created Contents)와 관련된 활동이 우리가 의식하지 못하는 사이에 활발하게 이루어지고 있다. 실제 한국 인터넷진흥원이 실시한 조사 결과에 따르면 2006년 상반기 네티즌의 76.2퍼센트가 UCC를 활용한 경험이 있다고 응답했으며, 최근 세계적인 웹 2.0 트렌드에 따라 UCC의 활용도는 더욱 증가하는 것으로 평가된다.

기업이 중심이 되어 제작한 정보를 사용자가 활용하던 기업 중심의 환경에서 사용자가 중심이 되는 UCC 네트워크 환경으로 변화하는 것이다. 이러한 UCC 환경은 사람들을 좀더 밀접한 네트워크로 엮는 역할을 하고 있다.

규모의 경제를
찾아라

네트워크 사회의 특징

오늘날 우리가 살고 있는 현대사회는 초고속 통신망의 확산에 따라 촘촘하게 네트워크로 연결되고 구성원들 사이에 정보 흐름이 증가하면서 특정 계층의 정보 독점이 불가능해지고 사용자의 지식 창조가 이루어지고 있다. 그렇다면 인터넷과 다양한 통신망을 바탕으로 네트워크화된 사회에는 어떠한 특징이 있을까?

미국에 본사를 둔 다국적 컨설팅 업체 모니터 그룹(Monitor Group)의 파트너인 바스카르 차크라보티(Bhaskar Chakravorti)는 네트워크가 가지는 3가지 특성을 다음과 같이 지적했다. 첫 번째로, 모든 네트워크는 본질적으로 규모의 경제를 추구한다는 점이다. 규모가 큰 사용자 네트워크를 가진 제품을 사용하는 것이 상대적으로 규모가 작은 사용자 네트워크를 가진 제품을 사용할 때보다 비용이 적게 든다는 것이다.

　이러한 경향은 PC 시장에서 마이크로소프트와 매킨토시를 비교하면 쉽게 이해할 수 있다. 특정 분야의 사용자들은 매킨토시를 훨씬 유용하게 사용하고 선호한다. 하지만 매킨토시를 사용하는 사용자들의 네트워크 크기가 마이크로소프트 사용자 네트워크 규모와는 비교할 수 없이 작기 때문에 프로그램을 활용하는 데 필요한 비용이 상대적으로 높을 수밖에 없다.

　네트워크화된 사회의 또 다른 특징은 평형 상태(equilibrium)이다. 이는 시장과 사회가 변화를 받아들이기보다는 현재 상태를 안정적으로 유지하고자 하는 경향이 있다는 의미이다. 따라서 기존 제품이 안정성을 유지하는 상황에서 새로운 제품을 구입하려는 소비자는 네트워크 안에서 다른 사람들도 같은 제품을 구입하는지에 더 많이 의존하게 된다. 특히 우리나라 소비자들이 제품을 구매할 때 객관적인 요인보다도 주위에 대한 눈치에 더 많은 영향을 받는다는 점을 생각해보면 한국사회는 네트워크의 평형 상태가 강하게 작용한다고 할 수 있다.

　마지막으로 사회의 네트워크화가 진행될수록 구성원 간의 상호 연결은 네트워크 허브*로 알려진 소수의 포인트 주변으로 밀집되는 경향이 있다. 결국 네트워크화가 진행되면서 등장하는 네트워크 허브가 특정 분야에 평형 상태를 제공하는 동시에 새롭게 변화한 안정 상태를 추구하게 하는 원천으로 작용한다.

허브HUB : 주로 항공산업에서 사용되는 표현으로 '바퀴의 중심' 이라는 뜻이다. 항공사들이 특정 공항에 승객과 화물을 집결시키거나 분산시키기 위해 방사선 개념의 운송 구조를 도입할 때 중간 집결지 역할을 하는 공항을 '허브' 라 지칭하는데, 최근에는 네트워크 사회의 특징으로도 일컬어지고 있다.

결국 사람들이 많이 찾는 네트워크의 한 지점이 네트워크 허브로 발전하고 사용자의 수가 늘어나면서 규모가 커짐에 따라, 참여하는 구성원들은 규모의 경제에서 얻어지는 이익을 얻을 수 있다. 규모의 경제를 통한 이익이 분배되면 이를 본 신규 구성원이 추가적으로 참여하여 네트워크가 지속적으로 확장되고 허브가 강화되는 선순환의 사이클을 나타낸다.

예를 들어 미국처럼 영토가 넓은 국가의 항공사가 전국 각 도시에서 해외로 연결되는 직항노선을 개설하는 것은 효율성이 떨어진다. 따라서 몇몇 주요 도시를 허브 공항으로 지정하여 그곳을 중심으로 항공노선을 운영하게 된다. 미국 콘티넨탈 항공사의 〈사진 2-13〉의 미국 국내 노선도를 보면, 텍사스 주의 휴스턴, 오하이오 주의 클리블랜드, 뉴

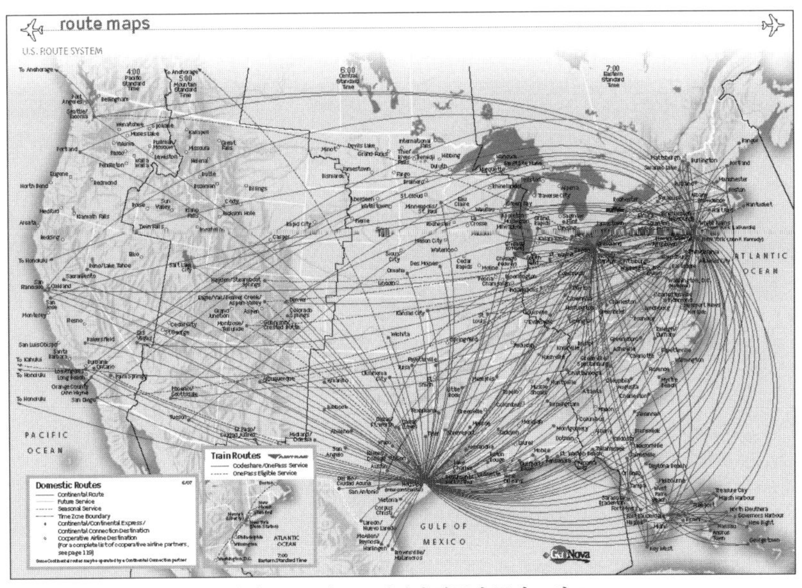

〈사진 2-13〉 미국 콘티넨탈 항공사 국내 노선도

저지 주의 뉴어크를 허브 공항으로 지정하여 각지의 중소도시를 연결한다는 것을 알 수 있다. 그리고 국제선은 이들 허브 공항을 통해 해외 공항과 바로 연결된다.

마찬가지로 정보화 사회에서도 모든 구성원이 일대일로 대응하는 것보다 일정 지점에 정보가 집중됐다가 분산되는 방식으로 사용하는 것이 효율적이다. 통신망의 발달로 사회 구성원 간의 네트워크가 복잡해짐에 따라 정보의 허브가 등장하는 것도 바로 이 때문이다.

시장은 넓히는 것이 아니라 좁히는 것이다

어떤 제품을 선택하는가

네트워크에서 허브는 새로운 상품을 출시하는 기업에게 기회를 제공하기도 하고 제품의 신기능을 평가할 수 있는 훌륭한 테스트베드°가 되기도 한다. 대기업의 입장에서 접근하는 네트워크 허브와 벤처기업 입장에서 접근하는 네트위크의 여할에 대해 알아보도록 하자.

주변에서 휴대폰을 사용하는 사람들을 관찰해보면 각기 특징이 있다. 어떤 사람은 브랜드에 관계없이 새로운 기능이 부가된 신제품을 주로 구입하는가 하면, 제품 가격을 불문하고 특정 브랜드만 고집하는 사람들도 있다.

●
테스트베드Test Bed : 광통신의 시험 무대라는 뜻을 지닌 용어로, 기술에 대한 테스트 기간을 획기적으로 단축할 수 있는 시스템을 말한다.

후자에 속하는 사람들은 후속 모델의 제품 성능에 큰 발전이 없다는 것을 알면서도 특정 브랜드에 대한 선호도가 높은 편이다. 예전과 달리 휴대폰에 저장된 정보를 타 회사의 휴대폰으로 옮기는 것이 간편한 세상이 되었기 때문에 한 브랜드에만 얽매일 필요가 없어졌음에도 불구하고, 이미 익숙해진 키패드 배열과 인터페이스는 기존 제품을 떠나 다른 제품으로 옮겨가는 것을 망설이게 하는 요인이다.

한국 사람은 평균 1년 9개월마다 휴대폰을 교체하며, 카메라나 MP3 같은 컨버전스 휴대폰을 선호하는 경향*이 있다. 휴대폰 선택의 기준은 가격-브랜드-부가 기능-디자인의 순서이다. 그러나 휴대폰 구매에 무엇보다도 중요한 영향을 미치는 것은 네티즌의 상품평과 주위 친구들의 입소문이라는 보고가 있다. 다시 말해 새로 나온 휴대폰을 구입하고자 마음먹었을 때, 주위의 사용자로부터 그 제품에 대한 불만을 듣거나 리뷰 사이트의 평가가 나쁜 경우, 쉽사리 결정을 내리기 어렵다는 뜻이다.

삼성전자 애니콜의 브랜드 가치가 브랜드 명칭이 탄생한 지 10년이 되던 2004년 말, 이미 3조 3,000억 원을 돌파했다는 발표가 있었다. 국내에서 생산된 제품의 브랜드 가치가 이토록 단시간에, 그것도 전 세계적으로 인정받은 경우가 많지 않다는 점을 고려하면 애니콜 브랜드의 활약은 대단하다.

삼성전자가 처음 휴대폰을 개발하여 시장에 참여한 것은 1989년 말로 거슬러 올라간다. 당시 국내 휴대폰 시장은 대부분 모토로라의 차지였다. 이런 상황에서 삼성은 국내 최고 전자회사의 자존심을 걸고 제품을 개발해 '삼성 휴대폰'의 이름으로 시장에 뛰어들었다. 5년간 노력했으나 국내 시장을 장악한 모토로라의 스타텍 브랜드는 극복하기 어려운 대상이었고, 삼성 휴대폰의 시장점유율은 10퍼센트를 밑돌았다.

삼성전자는 '삼성 휴대폰'이라는 고전적인 상품명으로는 경쟁이 어렵다는 사실을 깨달았고, 1994년 7월 광고대행사인 제일기획을 통해 브랜드 이름을 공모했다. 누구의 아이디어인지는 아직까지도 의견이 분분하지만 '언제(anytime), 어디서나(anywhere)'의 의미를 가진 '애니콜'이 선정되어 1995년부터 본격적인 시장 공략에 나섰다.

이때 사용된 제품 슬로건이 우리에게 잘 알려진 '한국 지형에 강하다'였다. 삼성은 전국 각지의 산에서 이루어진 제품 통화 시연 광고를 언론에 내보내 소비자의 뇌리에 '잘 터진다'라는 이미지를 각인시켰다. 그리고 그해 7월, 처음으로 모토로라를 제치고 시장점유율 52퍼센트를 기록, 1위에 올라섰다.

한번 유저는 영원한 유저

인터넷에는 소비자의 의견을 표출할 수 있는 다양한 사용자 모임이 있다. 특정 제품을 사용하는 사람들의 모임이나 관심 있는 제품의 동호회에 가입하여 어떤 점은 좋고 어떤 점은 나쁘다 같은 다양한 의견을 공유한다.

휴대폰과 관련된 카페나 사이트도 꽤 많은데, 생성 과정에 따라 자생적으로 생성된 사이트와, 제품을 생산하는 기업에서 전략적으로 운

영하는 사이트로 구분된다. 휴대폰을 생산하는 기업들은 자체적으로
제품 관련 사이트를 운영하면서 회원들을 상대로 제품 홍보를 겸한다.
반면 자생적으로 생성된 사이트는 특정 브랜드 제품에 대한 로열티를
바탕으로 이루어지거나 극단적인 불만을 표출하는 형태로 나타나는 것
이 일반적이다.

삼성전자의 애니콜은 자체적으로 운영하는 홈페이지 이외에도 다
수의 애니콜 사용자 모임을 형성하고 있다. 대표적인 예로 애니콜 사용
자 모임(Anycall User Community)이 있다. 애니콜 사용자 모임은 2002년
말 개인 사이트로 출발해 2006년 말에는 회원 수 440만 명을 넘어섰으
며, 삼성 애니콜 휴대폰 사용 후기와 기술 강좌, 유용한 팁 등을 회원들
이 자체 제작해 공유한다. 심지어 휴대폰 애프터서비스 센터에 대한 평
가까지 이루어지고 있어 삼성전자의 입장에서는 막대한 자금을 들여
얻어야 할 고객 의견을 손쉽게 획득하고 있다.

충성도 높은 고객 관리는 효율적 재투자

그렇다면 애니콜 사용자들이 타사 제품 사용자들에 비해 더 열성적으
로 사이트를 운영하고 정보를 공유하는 것은 무슨 이유에서일까?

가장 큰 이유로는 사이트에 올라오는 의견이 제품 개발과 서비스에
즉각 반영되는 것을 느낄 수 있을 만큼 삼성전자 측에서 발 빠르게 대
응하기 때문이다. 사용자들이 제품을 사용하면서 불만스러웠던 점, 소
프트웨어의 개선점, 제품 기능의 차별화 포인트 등에 대해 자유롭게 글
을 올리면, 사이트 운영진이 이를 즉시 확인한다. 이후 사이트 운영진
과 삼성전자 담당자가 정기적으로 간담회를 열어 실제 제품에 반영하

게 한다.

삼성전자의 입장에서는 몇몇 담당자의 업무가 늘어나는 수준에 불과하지만, 고객이 느끼는 제품에 대한 신뢰도와 브랜드 충성도는 그 이상의 투자가 아깝지 않을 만큼 높아지기 마련이다. 내가 제안한 기능이 실제 제품에 즉각 구현된다면 반갑지 않을 사람이 누가 있겠는가? 이 외에도 애니콜 사용자 모임에서 주관하는 공동구매 행사에 삼성전자가 협찬을 하는 등 기업과 온라인 커뮤니티의 관계는 윈윈(Win-Win)의 '일촌' 관계를 형성한다.

휴대폰처럼 하루가 다르게 신기술과 신제품이 생겨나는 첨단 디지털 제품 시장에서, 호의를 가진 소비자를 단단히 묶어두는 것은 제품에 반감을 가진 소비자를 설득하는 것보다 더욱 효과적이다. 호의적인 소비자들이 모인 네트워크상의 허브를 공략하는 것은 잘 날아가는 여객기에 제트기 엔진을 달아주는 것과 같다.

자사 브랜드에 긍정적인 네트워크를 운영하는 것이 대기업에게만 유리한 이야기는 아니다. 중소기업의 경우에도 적은 비용으로 광고와 마케팅 효과를 얻을 수 있다. 특히 신세대를 주요 소비자층으로 규정하는 디지털 제품 분야에서는 제품과 네트워크야말로 최고의 조합이 아닐 수 없다.

시장에서 자체 브랜드 파워를 가지지 못한 벤처기업의 경우에는 특히 소비자에게 잘 알려진 네트워크 허브를 활용하여 자신들의 존재를 알리는 것이 효율적인 홍보·마케팅 수단이 된다.

최근 차량용 텔레매틱스를 찾는 소비자가 늘고 있다. 소비자의 관심도와 구매 욕구는 대단히 높지만 대중적으로 알려진 브랜드를 가진 업체는 아이나비, 나비텔 등 소수에 불과하다. 이는 텔레매틱스 시장에서 신규 중소기업이 진입 장벽을 뛰어넘기가 만만치 않기 때문이다. 투엠테크는 신규 진출 업체로서 네트워크 허브의 효과를 이용해 진입 장벽을 뛰어 넘은 사례이다.

경북 왜관에 있는 중소벤처기업 투엠테크는 장기간의 개발 과정 끝에 2006년, 지상파 DMB 겸용 텔레매틱스 제품인 잼(ZAMM)을 출시했다. 신제품을 개발한 모든 기업이 그렇듯 투엠테크도 제품의 기능적 우수함을 토대로 시장 경쟁에서 우위를 기대했다. 하지만 시장에서의 반응은 냉랭했다.

대부분의 소비자들은 당시 네비게이션 시장의 리더였던 아이나비에 충성도가 높았으므로, 투엠테크는 그동안 야심차게 준비한 기능을 평가받을 기회조차 없는 듯했다. 그래서 자체 홈페이지를 통한 광고와 오프라인 광고를 검토했지만 이들 방법에도 한계가 있었다. 투엠테크 기업 홈페이지는 네트워크의 말단에 있는 데다 오프라인 광고는 온라인 광고에 비해 파급효과가 크게 떨어지기 때문이다. 또한 온라인 쇼핑몰에서도 인지도가 높은 제품일수록 우선적으로 배치되므로 뒷순위로 밀릴 수밖에 없었다.

영업팀을 비롯한 회사의 임직원이 회의를 거듭한 끝에 DMB 텔레매틱스에 대한 정보가 가장 많이 모이는 인터넷 사이트에 제품 협찬을 하면서 신제품 체험단을 운영하기로 결정했다. 인터넷에 있는 많은 DMB 관련 사이트 중 자생적으로 생성되어 활발하게 활동하는 디엠비유저닷컴을 선정해 신제품을 직접 테스트할 수 있게 하고 평가를 요청했다.

기대 반 걱정 반으로 진행한 신제품 체험단의 운영은 성공적이었다. 널리 알려지지 않은 제품에 대해 얼마나 호응이 많을 것인가라는 우려와 달리 체험단이 활동하는 기간에 무려 100건에 가까운 사용 후기 및 장단점 비교가 올라왔다. 투엠테크는 자체 평가에서 미처 확인하지 못했던 소비자의 요구와 개선점을 객관적인 시각에서 얻어낼 수 있었다. 또한 게시판의 글들이 꼬리에 꼬리를 무는 과정에서 무관심했던 회원들도 서서히 관심을 가지기 시작했다.

현재 투엠테크는 이 사이트 외에도 다양한 온라인 커뮤니티를 통해 소비자의 의견을 듣고 제품 개선 활동을 이어가고 있으며, 잠재소비자를 늘리는 데 큰 효과를 얻고 있다.

많은 벤처기업들은 대기업이 놓친 컨버전스 제품을 개발하여 틈새 시장을 공략하려 한다. 이 때문에 얼리어답터를 중심으로 구성된 온라인 네트워크는 소비자들에게 제품 기능을 평가받는 좋은 기회가 되고 있다.

네트워크 허브를
공략하라

지금까지 초고속 인터넷망의 보급에 따라 기업이 네트워크 허브를 활용한 예를 살펴보았다. 그렇다면 앞으로 새로운 융합상품을 개발해 시장에 진입하는 기업들이 유념해야 할 점들에는 어떤 것들이 있을까? 특히 회사 규모나 브랜드 인지도에 따라 네트워크 허브를 공략하는 전략에는 어떤 차이가 있어야 할까?

첫째, 네트워크 허브를 찾아라

사회가 고도화되고 일상생활이 공식화되어감에 따라 많은 사람들이 소원해지는 인간관계에 아쉬움을 갖게 됐다. 이에 대한 반발로 시간적, 공간적인 제약을 초월할 수 있는 네트워크상에서의 활동이 강화되는 현상이 나타났다. 싸이월드나 마이스페이스처럼 개인적인 사생활을 인터넷으로 옮기는 일대일 커뮤니케이션이 있는가 하면, 다음카페나 휴대폰 사용자 모임같이 공통 관심사를 가지고 활동하는 멀티유저 커뮤니케이션도 있다.

사회가 다변화되면서 얼리어답터, 마니아 계층의 활동이 두드러지는데, 이들은 일반 소비자의 제품 구매에 크게 영향을 미친다. 최근 등장한 UCC 개념을 바탕으로 기업이 제공하는 정보가 아니라 사용자가 직접 경험해서 얻은 정보를 다른 소비자에게 전달하기 때문에 신뢰도가 훨씬 크다. 싸이월드나 다음카페 그리고 UCC 등은 네트워크 허브의 역할을 톡톡히 하고 있다.

결국 기술과 제품에 대한 정보가 끊임없이 흘러다니는 네트워크 분석을 통해 새로운 제품을 개발하고 시장에 출시할 때 중점적으로 공략해야 하는 정보 네트워크의 허브를 파악하는 것이 일차적인 미션이다.

둘째, 충성도 높은 고객을 관리하라

대기업 혹은 특정 제품군에서 충분한 브랜드 인지도를 보유한 기업은 충성도가 높은 고객들의 네트워크를 효율적으로 관리하는 방안을 고려해야 한다. 충성도가 높은 고객은 언제든 새로운 제품에 대한 믿음을 가지고 받아들일 준비가 되어 있지만, 자칫 사소한 계기로 충성도가 무너지는 경우 극단적인 안티 고객으로 돌아설 가능성이 높기 때문에 각별한 관리가 필요하다.

충성도가 높은 고객은 적절한 피드백이 있을 경우 제품에 대한 의견이나 새로운 아이디어를 끊임없이 제공한다. 또한 판매 이후 후속관리에 대해서도 유용한 의견을 제시해준다. 기업의 입장에서는 낮은 비용으로 많은 사람들의 의견을 수용할 수 있는 기회를 얻는 셈이다.

셋째, 네트워크 허브를 통해 인지도를 개선하라

처음 시장에 진출하는 벤처기업이 대기업과 동등한 수준으로 광고비를 지출하면서 제품을 홍보하는 것은 무모하다. 특히나 브랜드 인지도가 떨어지는 신생기업이나 제품에 대한 이해가 충분히 이루어지지 않은 첨단 컨버전스 제품의 경우에는 더욱더 그러하다.

네트워크망이 발달하면서 정보의 흐름 속도가 가속화된 오늘날에는 특정 제품에 대해 자생적으로 생성된 동호회 사이트를 중심으로 정보가 급속하게 확산된다. 특정 제품에 대해 관심을 가진 소비자가 모여드는 네트워크 허브를 파악해 공략함으로써, 브랜드 인지도가 낮은 초기 벤처기업이 약점을 극복할 수 있는 기회로 활용할 수 있다.

네트워크 세상을 꿈꾸며

고객을 손짓하는 네트워크 허브

오늘날 시장에서 인터넷의 역할은 절대적이다. 소비의 주체를 이루는 1020세대는 물론이고, 가장 소비력이 높은 3040세대 또한 네트워크 환경으로 변화된 사회와 시장에서 정보를 취득하고 비교·판단하여 제품을 구매한다.

컨버전스 제품을 개발하려는 기업들은 네트워크 환경에서 삼성전자의 애니콜 사용자 모임과 투엠테크의 무료 체험단 사례에서 보듯 소비자의 변화를 반영해 적절한 대안을 제공해야 한다. 적은 비용으로 최대의 효과를 내기 위한 방법을 고안하기 위해 많은 기업들이 애를 쓰는데, 이러한 네트워크 활용이야말로 최대의 효율을 얻을 수 있는 고객 유치 방법이라고 할 수 있다.

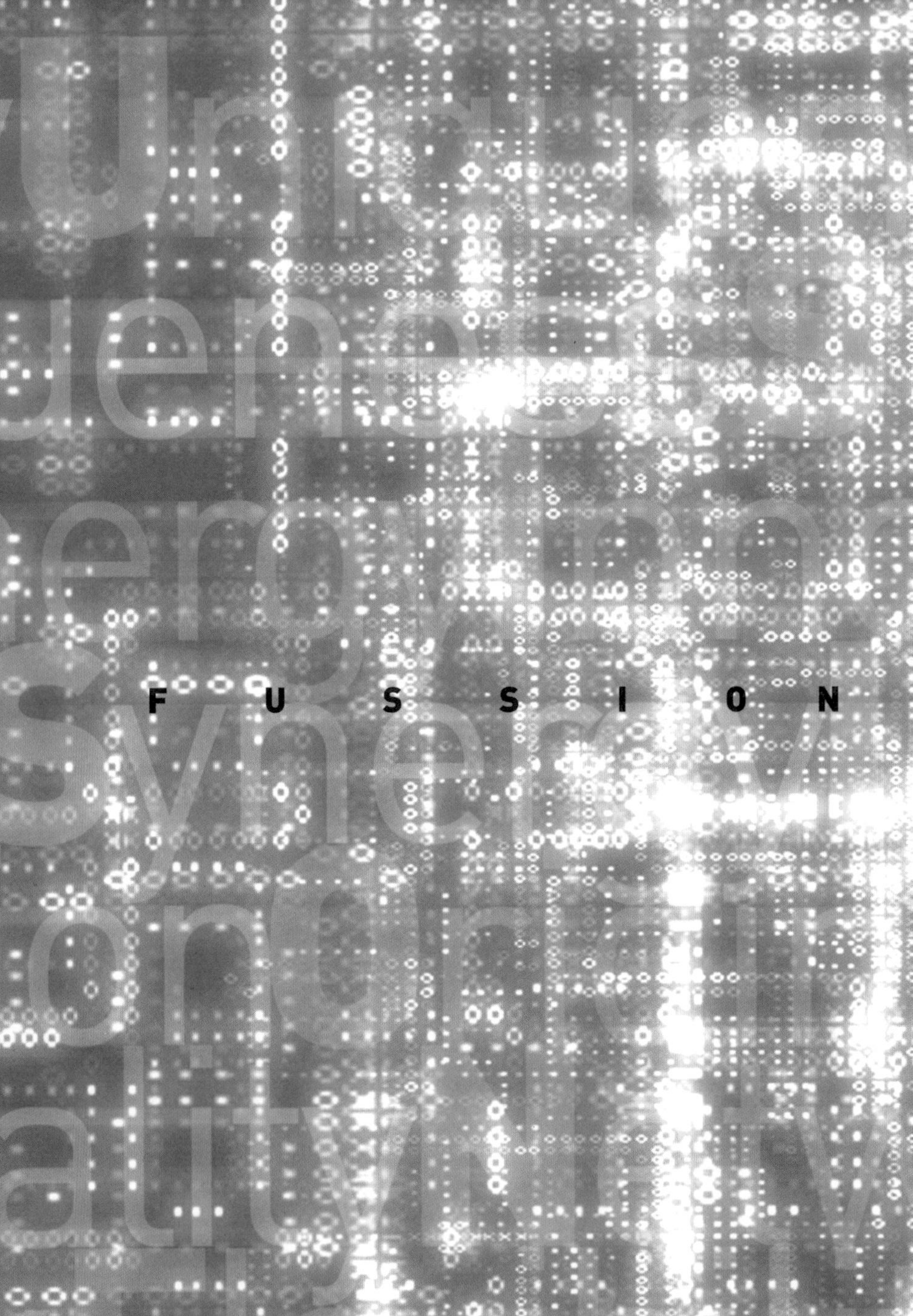

F U S S I O N

3부

세상은 창조적인 융합에 목마르다

융합상품 개발의
핵심 요소와 효과

FUSSION과 M.O.D.E의 관계

고객들은 자신의 필요와 취향에 딱 맞는 상품을 원한다. 기업은 기존 상품보다 더 높은 수익을 낼 새로운 상품을 찾고 있다. 그리고 오늘날의 기술력은 그동안 전혀 관계가 없다고 생각했던 기능이나 콘텐츠를 하나로 합치고 있다. 이러한 상황에서 경쟁력 있는 상품을 개발하려면 창조적인 융합이 필요하다. 기존에 있던 제품과 기술 그리고 콘텐츠를 새로운 시각에서 해석하고 융합해 새로운 형태의 서비스나 상품으로 재창조하는 것이다.

창조적 융합을 위해서는 유연성(Flexibility), 차별성(Uniqueness), 스타일(Style), 시너지(Synergy), 혁신성(Innovation), 독창적 콘셉트(Originality) 그리고 네트워크(Network)가 필요하다. 그렇다면 이 7가지 요소를 우리는 어떠한 관점으로 바라보고 활용해야 할까?

퓨전의 7가지 키워드는 융합상품 개발에서 지향해야 할 목표점을 제시한다. 그러나 기업이 실제로 융합상품을 개발하기 위해서는 단순히 키워드를 나열하는 수준으로는 어림없다. 이러한 키워드들이 실제로 어떻게 현실화될 수 있는지를 구체적으로 제시해야 한다.

이 책에서는 7가지 사례를 제시하고, 각 장에서 융합상품을 포함한 신상품을 개발하기 위한 4가지 핵심 요소를 기반으로 어떻게 7가지 키워드를 현실화시켰는지 보여주었다. 신상품 개발의 4가지 핵심 요소는 일반적으로 마케팅(Marketing, M), 조직(Organization, O), 디자인(Design, D), 기술(Engineering, E)이며 이 개념을 합쳐 M.O.D.E라고 한다.

마케팅은 주로 고객과 회사 간의 접점 역할을 하면서 새로운 융합상품의 기회를 발굴한다. 고객의 욕구를 파악하고 해당 상품에 대한 목표 고객을 설정하며, 고객과 회사의 상호작용을 돕는다.

조직은 기업 내부의 역량을 결집하여 목표로 하는 신제품을 개발하는 과정을 효과적으로 달성하도록 한다. 특히 신상품 개발 조직과 회사 전체의 조직 구성은 융합상품 개발에 지대한 영향을 미친다.

디자인은 아이디어 차원에서 구상된 신상품을 눈으로 보고 손으로 만질 수 있는 제품으로 구체화하는 작업을 수행한다. 특히 최근 들어 융합상품에서도 차별화된 제품의 중요성이 높아지면서 디자인을 통해 차별화된 감성을 제공하는 것이 성공적인 융합상품의 핵심 요소로 간주되고 있다.

기술은 마케팅을 통해 입안되고, 디자인을 통해 구체화된 신상품을 실제로 만들어내는 역할을 수행한다. 이러한 역할은 신상품의 원료를 개발하고 가공하는 단계부터 제품의 효과적인 생산을 가능하게 하는 기술까지 다양한 기술 범위를 포괄한다.

7가지 사례에서 나온 핵심 M.O.D.E를 정리하면 〈표 3-1〉과 같다.

	마케팅	조직	디자인	기술
유연성 (Flexibility)	• 변화하는 소비자의 욕구 변화를 유연하게 파악	• 유연한 상품개발 조직 • 전체 기업 조직과의 분리	• 소비자의 취향이나 욕구에 따라 개인화된 디자인	• 개인화된 제품을 만들 수 있는 생산 능력 확보
차별성 (Uniqueness)	• 차별화된 가치 제공	• 지식 교류 공동체 구축	• 기능과 정서의 균형을 맞추는 디자인	• 시장 선도적 신상품 개발 전략 • 성과 기준과 업계 표준의 설정
스타일 (Style)	• 차별화된 가치 • 프로슈머의 의견 수렴 • 광고회사의 의견 수렴	• 창조적 갈등 구조 • 최고경영진의 적극적인 지원	• 새로운 시각을 가진 전문 디자이너 영입 • 디자이너의 의사소통 능력 배양	• 디자인에 부합하는 제품 생산 기술 확보
시너지 (Synergy)	• 기존 제품의 브랜드 활용	• 광고업체와의 기존 관계 활용	• 과거 제품의 이미지 공유	• 과거의 제품 생산 기술을 이용하는 시너지 효과
혁신성 (Innovation)	• 기존 제품이 충족시키지 못하는 욕구 파악	• 역동적인 조직 구조 • 강력한 인센티브	• 창조적인 재디자인 실행	• 기존 기술의 창조적인 재조합
독창적 콘셉트 (Original Concept)	• 고객의 불만 사항을 적극 반영	• 경영진의 강력한 지원	• 제품 콘셉트에 맞는 디자인 능력 확보	• 제품 콘셉트에 부합하는 생산 기술 확보
네트워크 (Network)	• 온라인 커뮤니티의 활용	• 온라인상의 불만 사항을 적극 반영하는 전담 부서 운영	• 사용자의 디자인 관련 코멘트를 적극 활용	• 사용자가 직접 만드는 생산 기술의 확보

〈표 3-1〉 융합상품 개발의 핵심요소

마케팅(M): 융합상품을 위한 마케팅 전략

융합상품을 개발하는 데 있어 가장 중요한 마케팅 전략은 고객들에게 기존의 제품과 차별되는 가치를 제공하는 것이다. 융합상품은 이미 존재하는 기능이나 서비스를 마구잡이로 합쳐놓은 것이 아니라 이들을 융합해 전혀 다른 기능이나 서비스를 제공하는 것이기 때문에, 이를 위해서는 기존의 상품들이 독자적으로 제공하지 못한 가치가 무엇인지 파악해야 한다. 그렇지 못할 경우, 남들 다하는 것처럼 뷔페식 상품을 만들어내느니 오히려 단순화된 전문 제품을 제공하는 것이 좀더 차별화된 가치를 제공할 수 있다.

VK-X100 사례를 보면 대부분의 휴대폰들이 고해상도의 카메라를 달고 MP3 플레이어를 장착해 고가의 융합상품으로 나아가는 시장 상황에서 '명함이나 신용카드처럼 지갑에 휴대할 수 있는 얇은 휴대폰'이라는 차별화된 가치를 구현하기 위해서 부가 기능을 과감하게 삭제했다. LG전자 초콜릿폰도 당시 카메라폰의 화소 수를 둘러싸고 경쟁하는 상황에서 오히려 과거 휴대폰보다도 해상도가 낮은 카메라폰을 장착해 부피를 줄였다. 융합상품을 만드는 과정에서 여러 가지 기능이나 콘텐츠를 단순히 더하는 것이 아니라, 지금까지의 제품들이 제공하지 못한 차별화된 가치를 제공하는 것이 중요하다.

융합상품을 위한 두 번째 마케팅 전략은 고객의 의견을 들을 수 있는 다양한 채널을 구축하는 것이다. 융합상품은 기존 제품들을 창의적으로 융합해 새로운 제품을 만들어내는 전략이므로 고객들이 융합에 대해서 어떻게 생각하고 받아들이는지 그리고 고객들이 기존의 제품에 대해 어떤 문제점들을 인식하고 있는지 파악해야 한다. 나아가 비록 외부로 표현되지는 않았지만 고객들이 마음속에 가지고 있는 가치를 찾아내는 것도 중요하다.

초콜릿폰의 경우는 소비자의 의견을 제품에 반영하는 프로슈머 제도를 신설했다. LG전자에서는 싸이언 프로슈머들을 결성하고 이들의 의견을 제품 개발에 적극적으로 활용했다. 보안상의 이유로 일반 고객들을 상품 기획 단계에 포함시키지 않았던 과거의 전례를 깨고 좀더 다양한 소비자의 아이디어를 반영한 예이다.

일단 제품이 출시된 뒤에는 소비자의 불만 사항을 얼마나 신속하게 파악해 융합상품 개발에 적용하느냐도 중요하다. 팬택의 경우 휴대폰 동호회와 회사 게시판을 통해 카메라폰의 플래시가 작동할 때 피사체에 안테나 그림자가 드리워진다는 고객 불만 사항을 접수하자마자 즉시 안테나의 위치를 바꾼 신상품을 출시해 고객의 욕구를 충족하고 신뢰를 얻을 수 있었다. 이 같은 대응 효과는 삼성전자의 애니콜 사용자 모임 사례에서도 확인할 수 있었다.

융합상품을 위한 세 번째 마케팅 전략은 앞의 두 번째 전략과는 반대로 회사에서 신상품에 대한 정보를 소비자에게 전달하는 다양한 채널을 유지하는 것이다. 융합상품이라는 것은 보통 첨단상품이기 마련이다. 소비자들은 첨단상품이 자신의 욕구에 잘 부합한다고 해도 구매를 망설이는 습성을 보인다. 따라서 이러한 구매 지연 현상을 줄이기 위해서는 회사 측에서 다양한 정보를 소비자에게 적합한 경로로 전달해야 한다.

삼성전자의 애니콜이나 투엠테크 텔레매틱스의 경우는 인터넷 동호회 게시판이나 신제품 체험단을 통해 제품에 관한 정보를 풍부하게 제공하는 장을 마련했다. 그리하여 사용자들이 새로운 기술에 거부감을 느끼지 않고 구입할 수 있도록 유도했다.

마지막으로 융합상품을 위한 네 번째 마케팅 전략은 기존 광고 또는 광고회사와 밀접한 관계를 유지하는 것이다. 융합상품이 기존 상품의 이미지를 이용하면서도 동시에 새로운 상품의 특성을 강조해야 하기 때문에 어떤 광고 방식으로 제품을 알리느냐가 중요하다.

초콜릿폰의 경우는 광고대행사에서 가져온 '초콜릿폰'이라는 이름을 적극 활용해 브랜드 명칭을 결정했다. 또한 아이리버 딕플의 경우도 기존의 자사제품 중에 MP3 플레이어 상품에 구축했던 '아이리버'라는 브랜드를 새로운 시장인 전자사전 시장에 적극적으로 활용한 예이다.

조직(O): 융합상품을 개발하기 위한 조직 전략

융합상품을 효과적으로 개발하기 위해서는 조직적인 측면에서 짚어보아야 할 4가지 중요한 요소가 있다.

첫째, 융합상품이란 상품의 분야나 기본 사양이 정해져 있지 않고 기술의 발전이나 소비자의 욕구에 따라 어떤 상품을 만들어야 하는지가 급격하게 바뀐다. 따라서 이러한 불확실한 상황에 유연하게 대처할 수 있는 조직을 만드는 것이 중요하다.

차량용 텔레매틱스 시스템을 만들었던 두 개의 중소기업 사례는 유연한 상품 개발 조직이 융합상품 개발의 성공과 실패에 얼마나 큰 영향을 미치는지 증명한다. 텔레매틱스 개발팀을 조직에 흡수해 기존 시스템에 적용되는 엄격하고 정밀한 구조로 만든 회사는 답보 상태를 면치 못했다. 반면 융합상품 개발팀을 별도의 연구소 조직으로 분리하고 비록 정밀하지 않지만 융통성이 발휘되는 조직으로 만든 회사는 확연한 매출액의 증가를 경험했다.

또한 LG전자의 엑스캔버스 TV 개발 사례에서 TDR(Tear Down & Redesign) 조직에 주목할 필요가 있다. TDR 조직은 DTV 연구소의 개발실과 상품 기획, 제품 디자인, 마케팅 등 다양한 부서에 있는 전문가들을 모집하고 이들을 상근과 비상근 인력으로 구분해 신상품 개발 과정에서 나타나는 문제점에 좀더 능동적으로 대처할 수 있도록 했다. 상근이나 비상근 인력이 능동적으로 참여하도록 유도하려면 강력한 인센티브를 제공하는 것도 중요하다. 따라서 불확실한 상황에 맞추어 유연하게 변경될 수 있는 조직 구조를 설정하는 것이 융합상품 개발에 적합하다.

둘째, 융합상품을 위한 개발 조직은 무에서 유를 창조해야 하므로 조직 환경 또한 창조적이어야 한다. 새로운 상품을 개발하기 위해서는 아이디어가 샘솟을 수 있는 조직 환경을 마련해야 한다는 것이다.

창조적 환경을 구축하기 위해서는 신상품 개발과 관련 부서 간에 적절한 갈등 구조를 만들어줌으로써 창조적 긴장 상태를 유지하는 것이 중요하다. 융합상품을 위한 아이디어는 한 부서가 독주하는 문화에서 나오지 않는다. 디자인과 개발부문 간, 마케팅과 영업부문 간에 창조적인 긴장 상태를 유지하면서 그 갈등 관계 속에서 새로운 아이디어가 나온다.

물론 창조적인 아이디어를 위해서는 다양한 견해를 듣고 소화해야 한다. 이를 위해 팬택은 새로운 융합상품을 개발하는 생산기술연구소 내에 지식교류공동체를 만들고 독특한 세미나 문화를 만들었다. 세미나의 주제는 연구원들이 현장에서 필요한 내용을 자발적으로 제안하고 준비하며, 능동적으로 진행하게 했다. 전문성이 필요한 주제일 경우, 외부 전문가를 초빙해 새로운 지식이 공유되도록 노력했다.

셋째, 융합상품은 기업 내부뿐만 아니라 기업 외부에 있는 업체 그리고 소비자들과도 밀접한 관계를 구축할 필요가 있다. 융합상품을 만드는 과정에 필요한 다양한 전문 지식과 노하우를 기업 조직, 특히 중소기업 내부에서 총체적으로 보유하기 어렵기 때문이다.

아이리버에서 딕플을 개발한 사례를 보면, 기존에 MP3 플레이어를 만들면서 외부 디자인 업체나 광고대행업체와 쌓은 관계를 적극 활용했다. 전자사전이라는 새로운 종류의 융합상품을 만드는 과정에서도 관련업체와의 돈독한 관계를 십분 활용했고, 그 결과 기존 업체들과 치열하게 경쟁하면서도 좋은 디자인과 강력한 브랜드 이미지를 단시간에 구축했다.

삼성전자는 애니콜을 개발하는 과정에서 소비자들의 온라인 커뮤니티에 밀접하게 접촉해 커뮤니티에서 나오는 불편사항과 건의사항을 적극적으로 반영했다. 더 나아가 상품에 대한 정보나 업데이트도 온라인 커뮤니티를 통해 전달했다. 이를 통해 소비자들이 새로운 제품에 대한 정보를 쉽게 접할 수 있게 했다. 결과적으로 개념이 생소한 융합상품을 소비자에게 효과적으로 소개함으로써, 첨단제품에 대해 사람들이 일반적으로 겪는 구매 지연 현상을 극복할 수 있었다.

마지막으로 융합상품을 개발하기 위해서는 다방면에 걸친 지식이 필요하기 때문에 하나의 개발부서가 독립적으로 진행하는 것은 무리가 있다. 따라서 서로 이해관계가 상충되는 각각의 부서들을 효과적으로 조율해 신상품을 개발하려면 최고 경영진의 적극적인 지원이 뒷받침되어야 한다.

초콜릿폰을 개발할 당시 LG전자에서는 단말연구소장이 강력한 리더십을 발휘해 프로젝트 팀원들을 독려하고 필요한 자원을 최우선적으로 지원했기에 기존의 LG 휴대폰과는 근본부터 다른 초콜릿폰이 탄생할 수 있었다.

VK-X100 휴대폰 개발 사례에서도 마찬가지 의미를 찾을 수 있다. 처음에 결정한 제품의 콘셉트가 다른 부서의 반대에 부딪칠 때 최고 경영진이 초기 콘셉트에 대한 믿음을 바탕으로 실무진과 직접적으로 의견을 교환하며 설득했다. 융합상품이란 여러 부서를 거쳐서 개발되기 마련이고 각 부서들이 서로 다른 이해관계를 가지고 있기 때문에, 이런 의견 차를 초기에 극복하기 위해서는 최고 경영진의 지원이 무엇보다 중요하다.

디자인(D): 융합상품을 개발하기 위한 디자인 전략

융합상품을 위한 중요한 디자인 전략은 크게 4가지로 요약할 수 있다.

첫째, 기능과 정서를 균형 있게 조합할 수 있는 디자인 전략이다. 일반적으로 융합상품은 기기와 네트워크 그리고 콘텐츠 면에서 다양한 기능과 정서가 혼합되기 때문에 이들을 적절하게 조합해 소비자에게 전달할 수 있는 디자인이 중요하다.

팬택의 경우 목에 걸고 다닐 수 있는 MP3폰이라든지, 콤팩트 스타일의 게임폰 그리고 세련된 슬라이딩 방식의 캠코더폰 등 새로운 기능과 스타일이 동시에 제공되는 상품을 출시했다. 이러한 경우에 기능적인 특장점과 정서적인 포커스를 동시에 표현할 수 있는 디자인 전략이 필요하다.

둘째, 조직 외부에서 디자인 능력이 뛰어난 인재를 선입견 없이 영입하는 것이다. 초콜릿폰 개발팀에서는 휴대폰과 상관없는 DVD 플레이어나 오디오 등을 디자인하던 전문 디자이너를 영입해 기존의 LG 휴대폰과는 전혀 다른 디자인을 주문했다. 그 결과 기존의 제품과는 확연하게 차별되는 디자인이 나왔다. 해당 제품 분야에 경험이 없는 디자이너가 오히려 틀을 뛰어넘는 획기적인 형태의 휴대폰을 만드는 좋은 전기를 마련한 것이다.

셋째, 디자이너들이 기업 내부뿐만 아니라 기업 외부에 아이디어를 전달할 수 있는 의사소통 능력을 배양하는 것이다. 융합상품 개발에 참여하는 각 부서의 구성원들은 매우 상이한 배경과 이해관계를 가지고 있다. 따라서 디자이너는 단순히 상품 외관을 잘 설계하는 것을 넘어 자신의 아이디어를 다른 사람들에게 알리고 설득할 수 있어야 한다.

초콜릿폰의 경우 책임 디자이너가 영업팀과 개발팀, 기획팀 그리고 경영진을 찾아다니면서 얇고 심플한 디자인 콘셉트에 대한 이해를 구했다. 아이디어를 제품으로 만들어내는 과정에서도 책임 디자이너가 지속적으로 해당 부서와 커뮤니케이션을 했다.

마지막으로 과거의 핵심상품 디자인과의 시너지를 구하는 것도 중요하다. 일반적으로 융합상품이 과거에 단독으로 제공되던 상품들을 융합해 새로운 제품을 만들거나, 한 가지 제품에 다른 제품의 기능이나 콘텐츠를 더하는 경우가 많다. 이 경우 이전 제품의 디자인 이미지를 활용함으로써 과거에 구축한 브랜드의 효과를 전승할 수 있다. 아이리버 딕플의 경우, 기존에 MP3 플레이어를 개발하면서 쌓았던 노하우를 전자사전 개발 과정에서 발휘하여 시너지 효과를 누렸다.

위에서 이야기한 4가지 디자인 전략 외에도 정서적인 효과에 초점을 맞추는 디자인 그리고 제품의 디자인 콘셉트에 초점을 맞추는 콘셉트 위주 개발 등 다양한 디자인 전략이 가능하다.

기술(E): 융합상품을 개발하기 위한 기술 전략

융합상품 개발을 위한 첫 번째 기술 개발 전략은 기술 혁신을 통해서 다른 경쟁업체보다 선도적으로 신상품을 만들어내는 것이다. 융합상품은 기존에 독자적으로 존재하던 기능이나 콘텐츠를 하나로 묶는 것이기 때문에 누가 먼저 그런 융합을 생각했느냐가 중요하다. 이런 전략은 시장에 선도 기업이 이미 있는 상태에서 그 기업을 따라잡는 데 특히 유용하다.

팬택은 이미 삼성전자나 LG전자라는 시장 선도 업체가 있는 상황에서 여러가지 유형의 융합상품을 먼저 개발함으로써 휴대폰 시장에서 기술력 있는 업체로 인정받았다. 원천 기술을 융합해 새로운 상품을 만드는 것은 비록 힘들지만 남들보다 먼저 시도하면 그만큼 시장을 확보하는 데 유리하다.

둘째, 융합상품을 개발하는 과정에서 콘셉트 위주로 개발하든지 아니면 디자인 중심으로 개발하든지 간에 이들을 효과적으로 뒷받침해줄 수 있는 기술을 확보하는 것이 중요하다. 디자인에 치중해 제품을 만들다 보면 상대적으로 기술이 별로 중요해 보이지 않을 수 있다. 그러나 실제로 보면 디자인 중심이나 콘셉트 중심으로 제품을 개발할 때 오히려 기술의 중요성이 대두된다. 왜냐하면 융합상품의 디자인이나 콘셉트가 기존의 한계를 넘어서는 기술력을 요구하기 때문이다.

초콜릿폰의 경우, 당시에는 기술적으로 불가능한 얇은 디자인의 휴대폰을 콘셉트로 잡았다. 그러한 디자인 콘셉트를 구체적으로 초콜릿폰이라는 상품으로 만들어낸 데에는 휴대폰에 들어가는 모든 부품을 처음부터 다시 만든 LG전자의 기술력이 없었으면 불가능했다.

비슷한 예로 VK의 사례에서도 당시에는 휴대폰에 사용해본 적이 없는 OLED 액정을 이용해 휴대폰의 두께를 획기적으로 줄이는 쾌거를 이룩했다. 새로운 콘셉트를 구현하는 과정에서 기술적인 진보를 달성한 기업만이 융합상품 개발에 성공할 수 있다.

셋째, 융합상품 개발에서 여러 가지 제품을 비교할 수 있는 비교 기준을 설정하는 것은 매우 중요하다. 융합상품은 일반적으로 기존의 상품들과 차별화되는 새로운 상품이므로 이들을 비교할 수 있는 성능 기준이 없다. 따라서 개발된 기술의 수준이 어느 정도인지 가늠하기가 힘들다. 이 경우 기술 개발에 있어서 보편타당하게 적용될 수 있는 기술적인 성능 기준을 확립하는 것이 필요하다.

팬택에서는 국내 최초로 3D센서를 내장해 컴퍼스, 고도계, 러닝메이트 기능을 추가한 새로운 융합상품을 개발했다. 이 과정에서 기존 휴대폰과 관계가 없었던 컴퍼스나 고도계 또는 러닝메이트 성능에 대한 비교 기준을 세운 것은 이 기술들을 휴대폰에 구현하는 데 큰 도움이 되었다. 나아가 이러한 비교 기준은 새로운 융합상품 시장에 업계 표준으로 작용하면서 비슷한 제품을 개발하려는 후발업자들에게는 진입 장벽이 되기도 한다.

마지막으로 융합상품을 위한 기술 개발에서 과거의 기술 개발 경험과 연결된 시너지 전략이 중요하다. 융합상품이란 기존의 상품들을 결합해 새로운 가치를 창출하는 것이기 때문에 과거에 독립적으로 상품을 개발할 때 구축했던 기술을 효과적으로 활용할 수 있다. 아이리버 딕플 사례를 보면 기존에 MP3 플레이어를 개발하면서 축적한 기술을 MP3와 전자사전의 융합상품인 딕플에 적용함으로써, 비용 절감 효과뿐 아니라 개발 기간을 획기적으로 단축할 수 있었다.

성공적인 융합상품 개발 프로세스

앞에서 이야기한 융합상품을 성공적으로 개발하기 위한 7가지 키워드를 신상품 개발 프로세스에 맞추어 다시 정리하면 〈표 3-2〉와 같다.

가장 먼저 독창적인 제품 콘셉트를 이끌어내야 한다. 다음 단계는 독창적인 제품 콘셉트를 차별화된 제품으로 만들어내는 과정이다. 독창적인 제품을 실제로 구현하기 위해서는 초점이 잘 잡힌 스타일이 필요하다. 창조적인 융합을 가능케 하기 위해서는 기존의 기술을 혁신적으로 재구성하는 시각이 필요하다.

비록 제품 콘셉트, 디자인 그리고 기술이 독창적인 융합상품을 만들었다고 해도, 이러한 제품은 시대의 기술적 변화나 소비자의 취향 변화에 따라 유동적으로 변형될 수 있어야 한다.

또한 창조적인 융합상품을 만들기 위해서는 기업 내부는 물론이고 외부 업체들과도 최대한의 시너지 효과를 내야 한다.

마지막으로 창조적인 융합상품을 만들기 위해서는 다양한 네트워크를 이용해 신상품에 대한 정보를 고객들에게 전달해야 한다.

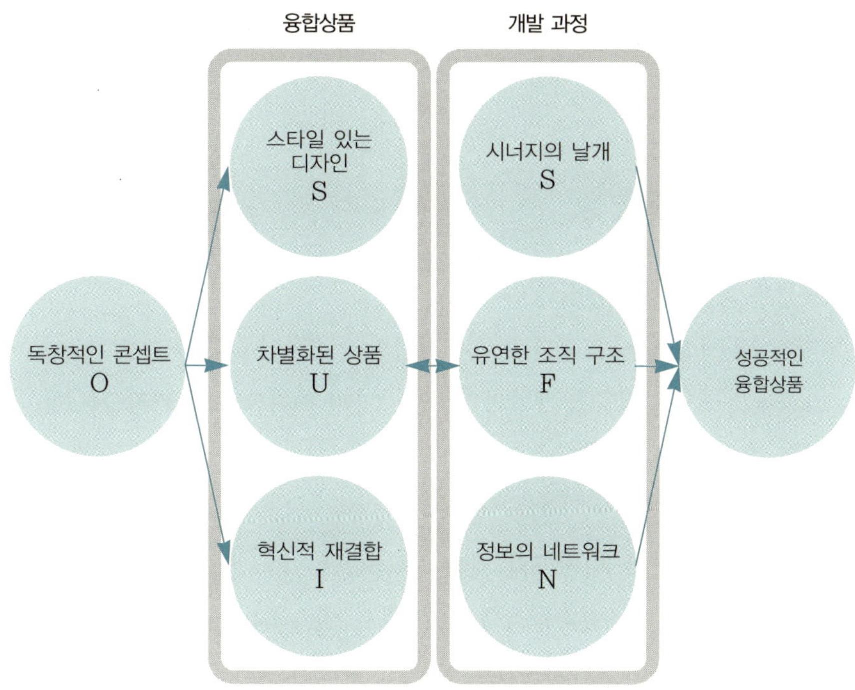

〈표 3-2〉 7가지 키워드로 본 융합상품 개발 프로세스

아무도 생각지 못한 것을 하라

세상은 융합상품을 원한다

융합상품에 대한 사회적인 관심과 기업의 잠재력이 높아지는 상황에서 효과적으로 융합상품을 개발하기 위한 7가지 키워드와 그 키워드를 실제로 구현할 수 있는 조직, 마케팅, 디자인 그리고 기술 전략에 대해서 알아보았다.

유연성 있는 조직 구조와 개발 절차(Flexible structure), 차별성 있는 제품 구성(Unique product), 스타일 있는 디자인(Stylish design), 과거 경험과의 시너지 효과(Synergetic relation), 혁신적인 재설계(Innovative redesign), 독창적인 콘셉트(Original Concept) 그리고 네트워크 효과(Network effect)를 통해 진정으로 창조적인 융합상품(FUSSION)을 구축할 수 있다.

최근 미국의 시사주간지 《타임》은 2006년 발명품으로 유튜브

(www.youtube.com)라는 동영상 서비스를 선정했다. 유튜브는 2004년에 채드 헐리(Chad Hurley), 스티브 첸(Steve Chen), 조위드 카림(Jawed Karim)이 손쉽게 사진을 공유할 수 있는 방법에 대해 논의하다가 생각해낸 동영상 중심의 사용자 제작 콘텐츠 공유 서비스이다.

〈사진 3-1〉 2006년, 《타임》이
'올해의 발명품'으로 선정한 유튜브

유튜브는 인터넷 시대를 대표하는 융합상품이다. 기존의 인터넷 포털이라는 서비스와 동영상 브로드캐스팅이라는 기술을 합쳐 개인이 찍은 동영상을 인터넷에 업로드하고 다른 사람들이 동영상을 쉽게 재생하여 볼 수 있게 한 상품이다. 유튜브라는 융합상품이 성공할 수 있었던 원동력이 바로 '퓨전'이다.

첫째, 유튜브는 헐리의 차고에서 사람들이 인터넷상에서 동영상을 손쉽게 볼 수 있도록 만든 사이트로 시작했다. 그러나 2006년부터 불

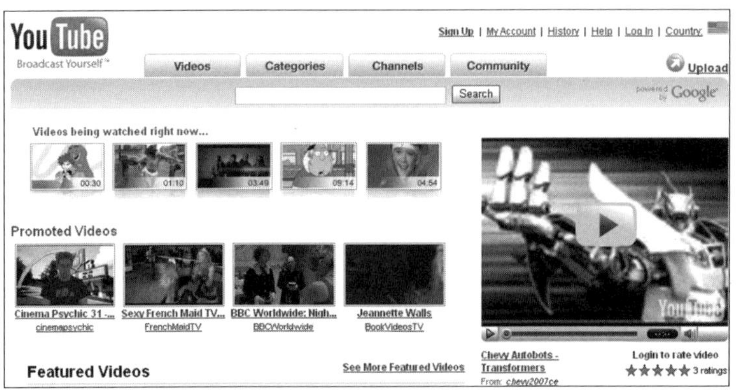

〈사진 3-2〉 유튜브 닷컴

기 시작한 웹2.0이라는 차세대 웹 기술을 기반으로 서비스를 유연하게 변경했다. 그 결과 단순하게 동영상을 보는 것에서 벗어나 사용자들이 쉽게 동영상을 인터넷에 올리고 다른 사람들과 공유하는 동영상 포털 사이트로 변경했고, 이러한 서비스의 확대가 유튜브를 성공으로 이끌었다.

둘째, 유튜브는 기존의 서비스와는 현저하게 다른 차별성이 있다. 기존의 서비스는 방송사가 주관이 되어 이미 방송된 콘텐츠를 사용자에게 돈을 받고 제공하는 주문형 비디오 서비스가 대부분이다. 반면 유튜브는 개인 사용자들이 인터넷에 각자 찍은 동영상을 올려놓고 다른 사람들과 무료로 공유하는 서비스이다. 공유와 참여 그리고 개방성이라는 점에서 기존의 동영상 서비스와 매우 다르다.

셋째, 유튜브는 서비스 전체에 걸쳐 스타일이 한결같다. 개인 방송 서비스의 간결하고 심플한 스타일이 그것이다. 이를 통해 사용자들은 자신의 방송을 다른 사람들에게 전달할 수 있는 환경을 제공받는다. 어떤 기술이 사용됐는지보다는 사용자 입장에서 간단하고 간편한 스타일을 제공했다는 점에 성공의 비결이 있다.

넷째, 유튜브는 기존의 동영상 서비스와 인터넷 포털을 만들고 운영하면서 쌓아온 내용들을 동영상 포털이라는 새로운 서비스를 만드는 데 적절히 활용했다. 그 결과 1년 반이라는 빠른 시간에 인터넷 동영상 포털의 일인자가 됐다. 기존 서비스에서 얻은 시너지 효과는 유튜브가 궤도에 오르는 데 드는 시간과 비용을 절약해주었다.

다섯째, 유튜브는 기존의 동영상이라는 소재를 혁신적인 각도에서 재설계했다는 점이 장점이다. 물론 이전에도 시청자들이 직접 찍은 동영상을 방송사에 보내기도 했고, 인터넷상에 올려놓기도 했다. 그러나 유튜브는 이런 동영상을 차세대 웹 기술과 혁신적인 방법으로 재조립함으로써 새로운 서비스를 안착시켰다.

여섯째, 유튜브는 '네 자신을 방송하라'라는 새로운 개념으로 시작된 동영상 포털 서비스이다. 유튜브 외에도 국내에 '아프리카'나 '판도라' 또는 '엠군'과 같은 업체들이 비슷한 개념의 동영상 포털 서비스를 제공하지만, 유튜브만의 개념적 차별성은 시간이 지날수록 너 그 빛을 발하고 있다.

마지막으로 유튜브는 참여와 공유라는 차세대 인터넷 환경을 효과적으로 활용한다. 다른 사람들이 올린 동영상을 시청할 뿐만 아니라, 다른 사람들에게 전송하거나 알려주기도 쉽다. 네트워크를 통해 동영상을 나눌 수 있는 서비스를 제공한 것이 유튜브 성공의 핵심 요인이다.

퓨전의 7가지 키워드로 창조적 융합상품을 만들었을 때 그 효과가 얼마나 큰지 유튜브는 극명하게 보여준다. 많은 사람들이 유튜브가 동영상 생산 측면의 혁명, 사회적 혁명 그리고 문화적 혁명을 가져왔다고 평가한다. 2005년 4월 동물원 여행 비디오 하나로 시작한 유튜브는 현재 하루 재생되는 비디오 수가 1억 개에 달하고 이용자도 하루 평균 7만 명씩 늘고 있다.

세계 최대 검색엔진인 구글은 최근 16억 5,000만 달러를 지불하고 유튜브를 인수했다. 구글은 지금껏 15개의 각종 인터넷 기업들을 인수·합병하면서 무려 1억여 달러의 돈을 지불해 왔으나, 유튜브 인수에는 이 모든 것을 합친 액수보다 10배가 넘는 돈을 쏟아부은 셈이다. 유튜브의 창업자는 약 1년 반 만에 우리나라 돈으로 1조 5,000억 원의 자산가가 됐다.

창조적 융합은 단순히 과거에 있던 기능이나 콘텐츠를 무차별하게 모은 것을 의미하지 않는다. 그런 모듬상품은 한식, 중식, 일식을 한꺼번에 제공하는 뷔페식당에 지나지 않는다. 특색 없이 여러 가지 음식을 늘어놓은 뷔페식당은 성공하기 힘들다. 마찬가지로 무조건 많은 기능과 콘텐츠를 모아놓은 융합상품도 성공하기 힘들다.

신상품이 성공하기 위해서는 기존에 있던 기능과 콘텐츠를 창조적으로 융합해야 한다. 마치 기존의 음식들을 성공적으로 융합한 퓨전 레스토랑처럼 말이다. 이 한 권의 책이 우리 기업들의 창조적 융합을 더욱 빛나게 하는 계기가 됐으면 한다.

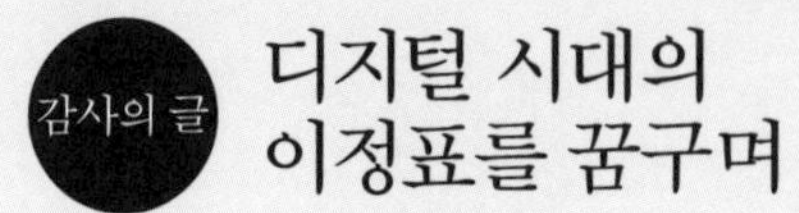

디지털 시대의
이정표를 꿈구며

연세대학교 기술경영학 협동과정 창조경영 연구팀의 연구원들과 본 프로젝트를 기획하면서 가장 중점을 둔 것이 있다. 디지털 융합상품을 만드는 실제 기업이 어떤 점에서 성공했는지, 어떤 점을 중시했고, 어떤 점을 간과했는지 낱낱이 파악해보자는 것이다. 산업의 요구와 시대의 흐름을 정확히 꿰뚫어보기 위해서였다. 관련 분야의 연구자로서 하루아침에 망하는 기업과, 하루아침에 사장되는 제품들을 계속 묵과하기에는 마음 한구석이 영 편하지 않았다.

이런 목적을 달성하기 위해서 무조건 우리의 논리를 세우기보다는 관련 기업 사례를 탐색하는 데 집중했다. 디지털 융합상품 분야를 설정하고 최근 몇 년 사이에 국내 시장에서 성공 또는 실패한 제품 조사에 착수했다. 그리고 밀도 있는 분석을 통해 가장 의미 있는 사례를 선별했다. 이 책에 나온 사례들을 발굴하게 된 과정이 이와 같다.

각 제품을 생산·판매하는 해당 기업들의 협조는 분석의 깊이와 살을 더하는 데 큰 도움이 됐다. 기업 관련자들의 적극적인 협조 없이는 깊이 있는 연구가 불가능했기에 걱정이 앞섰던 것이 사실이다. 그러나 기업들 스스로도 뼈저리게 느끼고 있던 여러 가지 답답함에 대한 해결책을 제시해 줄 것을 바라면서 수차례에 걸친 인터뷰, 자료조사, 설문 등에 흔쾌히 응해주었다. 자신들의 사례가 국내 디지털 산업 관련 업체들에게 귀감이 될 수 있다는 자부심도 연구에 협조하는 데 의미를 부여해 주었다. 이 자리를 빌어 인사를 대신하고자 한다.

2부 1장에는 몇몇 국내 중소 텔레매틱스 업체들이 비교·분석에 많은 정보를 주었다. 우리 연구팀에서는 하민정 연구원을 필두로, 이준효, 강성룡, 최훈, 전석원 연구원이 본 장의 사례 연구에 참여했다.

2장의 팬택계열 사례 연구에는 하태훈 연구원을 필두로, 성승우, 정승기, 최지원 연구원이 참여했다. 자료 협조와 인터뷰에 응해주신 박병엽 CEO 이하 김상식 차장, 남상민 차장에게 깊은 감사의 말씀을 전한다.

3장의 LG전자 초콜릿폰 사례 연구에는 장성근 연구원을 필두로, 류성일, 이수진, 이인성 연구원이 참여했다. LG전자의 김쌍수 전 CEO에게도 감사드린다. 특히 수차례의 인터뷰에 응해주신 마창민 한국마케팅 담당 상무, 디자인 연구소의 차강희 책임연구원, 단말연구소의 하정

욱 책임연구원에게도 감사드린다.

4장의 아이리버 딕플 사례 연구에는 이희석 연구원을 필두로, 김현우, 이기호, 박정아 연구원이 참여했다. 레인콤의 양덕준 CEO 이하 경영기획팀 김동환 과장에 특히 감사드리며, 비교 분석을 위한 인터뷰에 응해주신 세이코 상품기획팀 조성훈 대리에게도 다시 한번 감사의 말씀을 전한다.

5장의 LG전자 엑스캔버스 사례 연구에는 김상윤 전임연구원을 필두로, 정용환, 권희정, 최보름 연구원이 참여했다. 또한 LG전자 이희국 CTO를 비롯하여 DD상품기획팀 김현진 부장, DDC 연구소의 강배근 책임연구원, DDM 마케팅팀 허인권 부장에게 감사의 말씀을 전하고자 한다.

6장의 VK-X100 사례 연구에는 손석호 연구원을 필두로, 김용원, 윤지은, 양승화 연구원이 참여했다. 인터뷰에 응해주신 VK모바일 상품기획 및 디자인 담당자분들에게도 감사의 말씀을 전한다.

7장의 삼성전자 애니콜랜드 사례를 중심으로 한 네트워크 마케팅 사례 연구에는 김현진 연구원을 필두로, 김상현, 최정미 연구원이 참여했다.

　위에서 열거한 수많은 연구원의 노고와 기업에서 일하는 실무진 여러분의 적극적인 협조가 있었기에 이 책의 집필이 가능했다. 아무쪼록 이 책이 디지털 상품에 관심 있는 기업 및 학계 관련자들의 갈증을 해결해주고, 나아가 시장의 성숙에 한몫할 수 있길 소망하며 감사의 글을 마무리하고자 한다.

대표 저사 김신우